Coachez votre Stress

Ami ou ennemi : des outils pour choisir.

Collection « Psycho-soma »
Collection dirigée par Marie-France Muller

L'AUTEUR :

Laurent BERTREL est coach (entraîneur mental) et formateur. Il est né le 29 janvier 1969 à Tours.

Issu du monde de l'entreprise, il devient formateur en 1991 avant d'être le responsable des ressources humaines et de la formation d'un réseau de franchise, chef d'entreprise, puis spécialiste de l'accompagnement en entreprise et sportif (coaching et formation).

Après avoir pratiqué le cyclisme et la course à pied (marathons et 50 kms) pendant plus de 10 ans, il pratique aujourd'hui et enseigne par intermittence, depuis 1993, les arts martiaux – l'Aïkido et le laïdo.

Sa recherche perpétuelle de découverte et d'expérience nouvelle l'a conduit en été 2002 sur les terres d'Espagne, sur le chemin de Saint-Jacques de Compostelle. De merveilleux souvenirs...

Maître praticien PNL et coach certifié, sophrologue et praticien en communication Ericksonnienne, il est également éducateur sportif (BE 1).

Pour en savoir plus : **www.bertrel.com**

Laurent Bertrel

COACHEZ VOTRE STRESS

Ami ou ennemi : des outils pour choisir.

Illustrations Laurent Bertrel
Préface du Docteur François Louboff

Dangles
DEPUIS 1926
EDITIONS

18, rue Lavoisier - BP 30039
45 800 ST-JEAN-DE-BRAYE
www.editions-dangles.com

OUVRAGES DU MÊME AUTEUR

À paraître aux Éditions Dangles courant 2005 :

Dictionnaire des thérapies, méthodes de développement personnel et autres courants du mieux-vivre.

Camino et le crayon magique : contes thérapeutiques pour petits et grands.

ISSN : 0397-4294
ISBN : 2-7033-0589-3

À Lilo, ma petite fleur…

Merci à mes premiers lecteurs : Anne-Marie Marteau, Docteur Alain Mirza (médecin chirurgien cardiaque) et Docteur François Louboff (médecin psychiatre).

Merci également à Marie-France Muller pour ses précieux conseils et à David Vogin, Stéphane Deloison et Philippe Massénat pour leur confiance.

Préface

Le stress est un mot qui inquiète et pourtant son sens premier désigne la réaction de l'organisme à une agression quelconque, non spécifique.

Il représente donc une réaction indispensable à la survie.

Face à une situation stressante, le corps fabrique de nombreuses molécules (hormones, neuro-transmetteurs, neuropeptides) qui ont notamment pour fonction de préparer l'organisme aux réactions génétiquement déterminées, innées, que sont la fuite ou l'attaque (accélération de la fréquence cardiaque, libération de sucre par le foie...).

Mais au cours des années, il y a eu un glissement sémantique, le mot stress est venu désigner la cause et non plus seulement l'effet, et on l'utilise pour parler de toutes les « agressions » susceptibles de déstabiliser l'organisme, qu'elles soient physiques ou psychiques. Actuellement, dans le langage courant, le mot stress désigne à la fois l'agent responsable (le travail, les conditions de vie, les enfants...), la réaction à cet agent (« j'ai stressé »), et l'état de celui qui y réagit (« je suis stressé »). Pour plus de clarté, il convient d'utiliser le mot stress pour désigner la réaction de l'organisme.

Le stress est donc un processus physiologique. Mais les capacités d'adaptation, soit par la virulence de l'agent stressant, soit par le terrain sur lequel il se manifeste ou le moment où il surgit, peuvent être submergées et le stress peut alors devenir pathogène (« le mauvais stress »). C'est alors l'excès de réaction de l'organisme qui devient nuisible.

Les conséquences pathologiques du stress sont diversifiées et se situent tant au plan organique que psychologique. Il a ainsi été montré que certains vécus traumatiques peuvent diminuer les capacités immunitaires pendant plusieurs mois, rendant l'organisme plus vulnérable aux infections et aux processus tumoraux.

Des éthologues ont aussi montré que certaines populations animales répondaient à la surpopulation par une réaction de stress responsable du décès de nombreux animaux.

En réalité, c'est plus la manière dont le sujet perçoit la situation stressante que la situation elle-même qui détermine la réaction de l'organisme, une même situation ou un même événement ne provoquant pas les mêmes réactions chez tout le monde. Ce n'est donc pas la réalité du contrôle que peut avoir l'individu sur la situation, mais son sentiment de contrôle qui est le facteur essentiel de la réduction du niveau de stress. De nombreux travaux ont en effet révélé les liens qui existent entre le sentiment de contrôle que ressent l'individu et le stress qu'il perçoit.

Et c'est bien cet aspect qui permet de réduire les conséquences de l'excès de stress, en développant des outils d'adaptation qu'on appelle « coping », du verbe anglais « to cope » qui signifie faire face.

Cette stratégie de contrôle a pour objectif le changement

soit de la situation menaçante, lorsque c'est possible, soit de l'appréciation subjective que le sujet en a (son point de vue), soit de l'émotion associée à la situation de menace.

La situation pouvant rarement être changée, il convient d'agir sur les deux autres leviers : l'appréciation subjective ou l'émotion. Changer l'appréciation subjective revient à changer le point de vue, donc à effectuer ce qu'on appelle un recadrage (c'est la bouteille vue à moitié pleine plutôt qu'à moitié vide). Changer l'émotion (retrouver plus de calme, de sérénité par exemple) revient à augmenter le sentiment de contrôle.

Les techniques proposées par Laurent Bertrel, issues de la PNL, de l'hypnose et de la sophrologie, ont pour effet d'agir sur ces deux objectifs.

Ces outils, dont l'auteur nous donne avec humour et simplicité le mode d'emploi, sont efficaces dans la mesure où ils vont être utilisés très régulièrement : comme tout apprentissage, ils nécessitent un investissement personnel.

Suivre les conseils et les exercices donnés dans ce livre va dans le sens d'un abord préventif de la maladie, trop souvent oublié au profit de l'aspect curatif.

Lisez ce livre et pratiquez.

Docteur François LOUBOFF
Psychiatre – Hypnothérapeute

Souriez, Vous Êtes Stressé !

Le stress a toujours existé et c'est tant mieux.

Nous avons toutes les raisons du monde d'être d'heureux stressés, car il a contribué au développement de l'espèce humaine. Par son action et depuis la préhistoire, il a permis à l'homme de survivre par la lutte ou la fuite en cas de danger et de penser pour évoluer.

Il permet :

☞ À l'inventeur de se mettre sous tension pour trouver l'idée géniale qui va révolutionner le monde.

☞ À une mère d'accomplir des efforts surhumains pour sauver son enfant en danger de mort.

☞ À un sportif de se surpasser en prenant une «bonne dose» de stress et d'enivrer les foules de ses incroyables exploits.

☞ À un artiste de sublimer la réalité et de nous faire rêver.

☞ À un homme d'ouvrir de nouveaux horizons en mettant hier un pied sur la lune et demain un autre sur Mars...

Bref, cet état de tension est avant tout vital à notre survie, utile à notre évolution et nous permet en plus d'avoir une belle vie.

Malgré tout, nous parlons du stress comme d'une fatale malédiction, d'un ennemi, d'un mal sournois qui fait souffrir et peut même aller jusqu'à détruire la vie. C'est vrai, mais seulement s'il est mal géré. Dans le cas contraire, nous l'avons vu, c'est un allié précieux, une ressource vitale.

Alors ne gaspillez plus votre potentiel et votre vie en laissant le stress diriger votre existence. Apprenez plutôt à le gérer et à l'utiliser comme un nouveau moteur qui vous conduira à la vie que vous souhaitez. Ne le regardez plus de «travers» mais regardez-le en «face» et souriez-lui pour sourire à la vie.

Souriez, vous êtes stressé !

À QUI EST DESTINÉ CE LIVRE ?

Si un film a droit à plusieurs projections, la vie, elle, n'en offre qu'une seule. Elle passe et ne repassera pas. Mais elle est généreuse, car chaque minute est une occasion d'en changer le cours. Vous avez en ce moment même entre les mains une occasion de le faire.

Ce livre est destiné à celui qui attend plus de sa vie, à celui qui veut en modifier le film et pour cela ne se contente plus d'en être «spectateur», mais souhaite en devenir le «réalisateur» et «l'acteur» principal.

Ce n'est pas un livre à lire — spectateur — mais un livre à utiliser — acteur. Il vous propose de fabriquer vous-même une clé ou mieux, un «passe-partout» qui ouvre non seulement la porte du bien-être, mais aussi de nouveaux horizons.

Même au plus profond de nous, nous avons tous ce désir.

Vous pouvez reposer ce livre et c'est bien ainsi, car vous n'êtes peut-être pas encore prêt à changer. Ou du moins pas dans cette voie. Ou vous pouvez l'utiliser pour découvrir les rouages et les enjeux du stress, évaluer votre vulnérabilité actuelle au stress, mettre en place un plan d'action antistress, apprendre et pratiquer des outils de relaxation et de préparation mentale applicables immédiatement, bref, passer à l'action et changer uniquement ce qu'il y a à changer. Rien de plus, rien de moins.

Enfin, John F. KENNEDY disait que c'est lorsque le soleil brille qu'il faut s'occuper du toit. Alors à celui pour qui tout va bien actuellement, sachez que la gestion du stress tient avant tout dans sa prévention.

Avant-Propos

Ce livre a été écrit selon des présupposés de base. Les voici.

Les ressources sont en nous

« *L'homme ne sera heureux que s'il développe toutes les facultés qu'il possède en puissance* », disait ARISTOTE.

En fait, nous sommes nés pour vivre et réussir à la fois nos vies intérieure et matérielle, car nous avons naturellement en nous toutes les ressources nécessaires à notre bonheur.

Alors cultivons ces ressources pour cultiver une existence heureuse.

Nous devenons ce que nous croyons être

Nos croyances quant à nos capacités et notre potentiel engendrent, par la pensée, nos décisions et nos comportements. Comme nous vérifions continuellement ces croyances par nos actes, mieux vaut agir en cultivant un a priori positif sur la situation.

Nous faisons toujours le meilleur choix

En effet, dans une situation donnée, nous faisons toujours le meilleur choix possible parmi ceux dont nous disposons à ce moment-là. Et plus nous en avons à notre disposition, mieux c'est. Il est donc inutile de cultiver la culpabilité suite à un choix qui a mené à l'échec, car nous avons fait de notre mieux à ce moment-là . De plus, l'échec n'existe pas. C'est juste un feed-back (retour d'information), donc une occasion d'apprendre.

La carte n'est pas le territoire

Notre représentation de la réalité n'est pas la réalité.

Ainsi, nous réagissons toujours par rapport à notre perception de la réalité et les limites sur lesquelles nous butons ne se situent généralement pas dans le monde, mais dans la représentation que nous nous en faisons. Par exemple, ce n'est le plus souvent pas l'événement futur qui déclenche le stress, mais la représentation que nous en avons.

Une représentation peut donc être aidante ou limitante en fonction de notre vision du monde. Par exemple, la vision occidentale du monde est duale. C'est noir ou c'est blanc. Si je ne suis pas gentil, je suis méchant. Si je ne suis pas parfait, je suis nul. Si je n'ai pas raison, j'ai tort... Alors que la vision orientale ouvre à plus de nuance. Dans le Yin, il y a du Yang, et dans le Yang, il y a du Yin. Dans la lumière, il y a de l'ombre et dans l'ombre, de la lumière. Dans l'homme, il y a du féminin et dans la femme, du masculin.

Dans l'un il y a le germe de l'autre et dans l'autre, le germe de l'un.

Ainsi, dans une « juste » vision des choses, il y a une part d'erreur et dans une erreur, il y a une part de justesse.

Le sage dit : « *une horloge arrêtée ne donne-t-elle pas l'heure exacte deux fois par jour ?* »

Aussi à défaut de changer le monde, changeons de regard !

Le stress en quelques mots

« C'est ce qui échappe aux mots que les mots doivent dire ».

N. Sarraute

Gros et Petit Stress

Vous êtes ici le «régisseur» du film de votre vie.

Vous allez savoir tout ce qui est important sur le stress et sur votre stress.

Vous pourrez ainsi agir en connaissance de cause et d'effets.

Avant tout, comprenez bien ceci :

Souriez, car vous êtes stressé et il est bon pour vous qu'il en soit ainsi !

Nous avons déjà vu combien le stress est vital. En fait, la

vie sans stress serait comme la vie sans soleil.

Mais attention. Le stress, de même que le soleil, a ses avantages et ses inconvénients. Si vous restez trop longtemps exposé au soleil aux mauvaises heures, vous risquez le «coup de soleil», la brûlure au troisième degré et parfois, à terme, le cancer de la peau, la mort.

Avec une trop longue et mauvaise exposition au stress, vous risquez le «coup de blues», la brûlure à l'estomac et parfois, à terme, la dépression, l'infarctus, la mort.

Alors qu'en profitant du stress de la bonne manière, de même que vous pouvez profiter du soleil aux bonnes heures, vous vous rechargez d'énergie vitale, vous ensoleillez votre vie.

En tout état de cause, sachez que vous ne pouvez pas ne pas stresser.

En effet, de la même manière que votre corps a toujours de la température, vous êtes toujours sous le coup du stress.

☞ Lorsque la température est à 37° C, tout va bien.

☞ Lorsqu'elle monte à 40° C ou descend à 35° C, c'est que vous avez un problème.

Il en est de même du stress : à 37° C, il est aidant, mais à 40 ou 35, il est limitant.

Vous comprenez donc qu'étant vivant, vous serez toujours stressé et que l'essentiel est d'apprendre à vivre avec un stress d'environ 37° C.

Alors à vous de voir si vous préférez vivre dans une oasis ou traverser le désert...

SON ORIGINE ET SA DÉFINITION

Le mot stress a été inventé par le Canadien Hans SELYE dans les années 1950.

Nous pouvons définir le stress comme la réponse de notre organisme, sous forme de tension, à la pression extérieure (agressions, situations de changement...). L'organisme mis sous pression s'adapte en déclenchant un ensemble de réactions neurophysiologiques (nerveuses et hormonales).

Retenez surtout que le stress est une tension ordinaire sur laquelle il est possible d'agir facilement.

SA SOURCE

L'entreprise est aujourd'hui la principale source de stress, mais ce n'est pas la seule. Le stress en a bien d'autres, dans des domaines divers :

» Domaine social (chômage, conditions de travail, surmenage, retraite, santé, surpopulation des villes, culte de la jeunesse ou de la performance...),

- Domaine socio-économique (divorce, séparation, deuil, solitude...),
- Domaine psychologique (dépendance, anxiété, conflit interne ou avec les autres...),
- Domaine environnemental (bruit, pollution, conditions climatiques rudes...).

Notez que le stress est surtout connoté négativement parce qu'il est associé à des émotions comme la peur ou la colère. Pourtant, une joie déclenche également de la tension (du stress) et des perturbations physiologiques (fatigue nerveuse, tension musculaire...). On compte ainsi parmi les causes de stress majeur le mariage et le gain au jeu !

La réponse physiologique dépend en fait de la situation et surtout de la façon dont l'individu la vit. C'est donc la façon dont vous percevez et vivez la situation stressante qui fait la différence et la transforme en stress aidant ou limitant.

Le stress n'est en soi ni positif ni négatif et c'est par vous qu'il prend l'un ou l'autre visage.

Les deux visages du stress

Si le niveau de tension est adapté à l'action, il s'agit d'un «stress aidant», car il vous dope naturellement, vous dynamise, vous euphorise pour favoriser votre réussite.

Malheureusement, il peut vite dégénérer en «stress limitant» qui vous paralyse, vous coupe dans votre élan et vous mène droit vers l'échec.

◎ *LE « STRESS AIDANT »*

Il vous pousse à agir en mobilisant vos ressources, vos savoirs et votre potentiel. Il vous permet aussi de dépasser vos limites.

C'est, par exemple, garder son sang-froid dans une situation dangereuse. Grâce notamment à l'adrénaline, la pression artérielle, la fréquence et le débit cardiaque augmentent, la respiration devient plus rapide, la pupille se dilate, la sudation augmente pour compenser le réchauffement musculaire, le sang afflue dans les muscles périphériques (jambes, bras) et le cerveau, décuplant la force physique pour lutter ou prendre la fuite.

Car oui, la fuite est parfois une solution salutaire. Par exemple devant un gros camion qui veut vous écraser ou face à une brute épaisse qui veut en faire autant.

C'est aussi doper votre intellect (par afflux de sang dans le cerveau et augmentation de la quantité de sucre circulant, puisque l'adrénaline est une hormone hyperglycémiante) pour décrocher un travail lors d'un entretien d'embauche ou encore réussir un examen ou battre un record.

◎ Le « stress limitant »

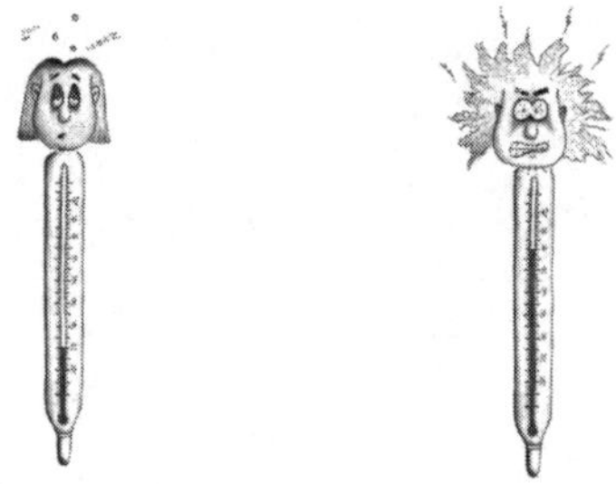

Il vous inhibe, vous paralyse en vous isolant de vos ressources, de vos savoirs et de votre potentiel. Il vous pousse à l'erreur, vous conduit à l'échec et peut même finir par vous tuer (maladie, suicide...).

C'est, par exemple, l'étudiant qui a un trou noir pendant un examen.

Ou le postulant qui perd les pédales et sa confiance en lui lors d'un entretien d'embauche.

Ou bien la discussion qui dégénère et qui finit par engendrer des réactions de violence disproportionnées.

Ou encore un simple challenge professionnel qui se transforme en une énorme pression, tellement forte que l'individu se retrouve comme un ballon d'air sous 30 mètres d'eau. Totalement compressé, il ne lui reste plus que quelques mètres avant d'éclater.

Dans chacun de ces cas, l'organisme ne parvient plus à gérer la pression extérieure et pare au plus pressé pour éviter l'explosion. Il est dépassé par les événements. Inhibé, il ne peut plus rien faire pour s'adapter et faire évoluer la situation stressante.

Comment ça marche ?

Selon Hans SELYE, face au stress, le processus d'adaptation se décompose en trois phases qui réagissent les unes par rapport aux autres.

a) phase d'alarme
b) phase d'adaptation
c) phase d'épuisement

a) La phase d'alarme correspond à la réaction d'urgence.

C'est l'incendie : vous vous mobilisez pour faire face à l'agression en utilisant vos ressources. Les signaux d'alarme sont activés et déclenchent des réactions physiques, psychologiques et comportementales : accélération de la fréquence cardiaque, transpiration excessive, nausée, colère, anxiété, agressivité, agitation...

Comme votre représentation de la réalité n'est pas la réalité (rappelez-vous la différence entre la carte et le territoire), il arrive parfois que le contenu du message d'alerte soit disproportionné par rapport à la réalité des faits. Si l'agent stresseur n'est plus actif, il vous faut compter une demi-heure environ avant le retour au calme.

b) La phase d'adaptation. Vous êtes le pompier qui résiste et combat l'incendie. Si l'agent stresseur se maintient, votre organisme va mobiliser ses réserves énergétiques pour lutter contre le stress, trouver un équilibre et une solution adaptée à la situation. Si l'agent stresseur disparaît, votre retour au calme prend environ deux heures.

c) La phase d'épuisement. Vous êtes en train de vous consumer. Comme vous soutenez trop longtemps votre effort, vos réserves s'épuisent, parfois jusqu'à la mort. C'est une phase d'hypertension durant laquelle vous avez des difficultés à vous adapter et à garder le moral. Vous avez besoin de repos et parfois d'aide.

Comment en arrive-t-on à une overdose de stress néfaste ?

Bien entendu, il y a les évènements majeurs de la vie comme le décès d'un proche, une maladie grave ou la perte de son travail. Il y a aussi les ennuis chroniques comme les soucis d'argent, les relations conflictuelles avec le conjoint ou un enfant, la surcharge de travail...

Mais le bol de café renversé le matin, le dossier égaré, le retard à un rendez-vous... bref, les «petits tracas» quotidiens sont des agents stresseurs souvent insidieux dont l'effet cumulatif risque d'altérer votre résistance.

Et puis, il y a parfois les périodes noires de la vie durant lesquelles tout semble se liguer contre vous (par exemple : deuil + problèmes d'argent + conflits avec les autres membres de la famille + fatigue + difficultés au travail, etc..): le cumul des divers fronts de stress - tel un randori[1] mal géré - peut vous laisser épuisé et découragé devant l'ampleur de la tâche à accomplir.

Note 1 : Terme utilisé dans les arts martiaux pour désigner un travail libre et continu où le pratiquant subit les assauts simultanés de plusieurs assaillants.

Comment éviter l'escalade ?

En plus des techniques que vous allez découvrir plus loin et du plan d'action que vous allez mettre en place, voici une astuce, applicable dès maintenant :

Faites l'inventaire de vos stress les plus courants[1].

Vous allez ainsi apprendre à repérer vos réactions physiologiques, psychologiques et comportementales face à une situation stressante et vous offrir la possibilité d'agir très vite, c'est-à-dire dès la phase d'alarme, pour réguler votre stress.

Comme vous le savez maintenant (voir « comment ça marche ? » ci-dessus), ces réactions sont des indicateurs très précis.

Ils existent dans le but de vous indiquer un dérèglement et vous permettent de repérer l'évolution de votre niveau de stress.

Véritables signaux d'alarme, ils sont comme les signaux de fumée des Indiens : ils délivrent un message.

Comme il n'y a pas de fumée sans feu, ils vous indiquent que vous entrez dans une phase d'alarme et qu'il vous faut agir en conséquence.

Tout le monde sait qu'il est dangereux de laisser se développer un feu de forêt, car il risque de se transformer en véritable catastrophe. Il est plus facile d'éteindre une petite flamme que de venir à bout d'un immense brasier détruisant toute vie.

Note 1 : D'après J-L Dubier et I. Inchauspé - *Le Stress*, Editions Milan.

C'est exactement le même principe que les feux de circulation :

- Si votre stress est aidant, le feu est vert. La température est d'environ 37°, « ça roule », tout va bien.
- S'il devient limitant, il passe à l'orange. La température monte, « ça brûle », tout va aller de plus en plus mal. C'est la phase d'alarme et vous devez agir en conséquence. Cela vous évitera la tentation de griller le feu rouge (phases d'adaptation et surtout d'épuisement), car vous risquez plus qu'un simple retrait de permis : dans le meilleur des cas vous risquez de griller quelques fusibles, dans le pire, c'est la mort qui vous guette (ci-gît, feu l'imprudent stressé).

Pour éviter cela, identifiez :

- Le lieu (par exemple, les coulisses d'une salle de spectacle),
- La cause et le contexte (la responsabilité du présentateur lors d'un spectacle),
- Les réponses (physiologique : transpiration excessive... ; psychologique : anxiété... ; comportement : agité...).

Il est à noter que les réactions physiques telles qu'accélération du rythme cardiaque, transpiration excessive, tremblements ou impatiences, bouche sèche, sensation de boule dans l'estomac, de gorge serrée, etc., sont souvent les plus faciles à distinguer.

Grâce à cet inventaire, vous allez découvrir que l'un de vos signaux d'alarme est par exemple une transpiration excessive.

Du coup, lorsque cette transpiration va apparaître, vous devrez vous dire « attention ! J'entre dans une phase d'alarme et il me faut agir en conséquence ».

Le stress en quelques maux

«Les hommes ont les maux qu'ils ont eux-mêmes choisis».
Pythagore

Afin d'identifier les enjeux, vous allez à présent identifier les maux causés par le stress.

Les effets

Le stress agit sur trois plans différents reliés entre eux.

» *Sur le plan physiologique*

Le stress peut générer des maladies vraies comme les troubles du rythme cardiaque et l'infarctus du myocarde, mais aussi des maladies psychosomatiques (troubles digestifs pouvant aller jusqu'à l'ulcère, maux de dos, migraines, troubles du sommeil...).

Ce type de maladie est comme un refuge de haute montagne où il est possible de s'abriter lorsque les conditions extérieures sont invivables. En détresse dans le tourbillon des malheurs et des angoisses, le stressé se réfugie dans la maladie pour se protéger, car c'est parfois la seule manière de se mettre à l'abri de la responsabilité d'assumer sa vie.

Ces maladies sont différentes d'un individu à un autre, car nous avons chacun un organe cible. Ainsi, c'est votre organe le plus faible qui s'en trouvera détérioré le premier.

Retenez que la somatisation du corps est un message qu'il vous envoie pour dire :

« *Tu ne te fais pas assez plaisir* ».

Le stress perturbe aussi le système immunitaire qui se trouve dévié de sa tâche essentielle. Le nombre de globules blancs augmente, mais la qualité et la quantité des anticorps est altérée. La porte est donc grande ouverte aux angines, grippes... Il favorise également les poussées d'allergies ou des maladies comme l'herpès, l'eczéma, le psoriasis, le zona...

Il pourrait même influer sur l'évolution de certains cancers car, sous l'effet du stress, les cellules qui se reproduisent plus vite engendrent un dérèglement favorisant l'apparition de cellules cancéreuses.

Dans les années 1970-80 en Belgique, le docteur Georges Ceulemans mit en évidence l' importance du fonctionnement surrénalien – donc du stress – dans l'étiologie de la maladie cancéreuse, à ses yeux de nature essentiellement psychosomatique. En cela, il était d'accord, sans le connaître, avec le docteur Hamer, cancérologue allemand dont les travaux dérangent le corps médical. Selon Ceulemans, si trop de stress est générateur d'épuisement, donc d'atrophie des surrénales et donc de cancer, le manque de stress affaiblit aussi ces dernières, ce qui peut à terme générer la même problématique (il dénommait ce dernier type le « cancer des bonnes sœurs », lié à une vie trop calme, trop protégée et trop bien réglée).

« *D'abord le cortex est déprimé par une perte ; puis graduellement il est inhibé, au point d'atrophier les glandes surrénales. Après l'atrophie de celles-ci, il faudra encore six mois de capitulation avant de voir apparaître la tumeur* ».

Vaincre sa mort pour vivre, Dr. Georges Ceulemans,
Éditions Louis Musin, Bruxelles, 1980

Enfin, chez les sujets vivant dans l'urgence, il joue également un rôle dans la survenue d'un infarctus du myocarde (augmentation de la fréquence cardiaque, de la pression artérielle ; les artères peuvent se rétracter, produisant un déséquilibre entre la quantité d'oxygène apportée aux cellules et leur consommation propre).

Sur le plan psychologique

C'est le «ras-le-bol» qui conduit à la perte de confiance en soi, à la baisse de motivation, d'envie, de désir. La réflexion s'altère, limitant vos performances. Les réactions d'anticipation et de réaction sont modifiées (la vie est vécue au ralenti ou en accéléré), vous mettant en danger.

C'est aussi la porte ouverte à la déprime. Et comme le déprimé est un dépressif en puissance, le risque de glisser vers une dépression nerveuse est réel ; et bien présent, car les études indiquent que deux Français sur dix en souffrent un jour dans leur vie.

➢ *Sur le plan comportemental*

Les comportements sont modifiés. Certains deviennent agressifs, nerveux. Irritables, ils se mettent en colère ou perdent facilement patience, projetant ainsi une image d'eux bien différente de celle qu'on leur connaît habituellement.

D'autres augmentent leur consommation d'excitants, de tabac, d'alcool, ou grignotent sans cesse, au point d'en devenir parfois boulimiques[1].

D'autres enfin, trop stimulés par les excitants, en arrivent à perdre le sommeil, constatent des baisses de mémoire et finissent par consommer des drogues qui portent aussi le nom de « médicaments » (somnifères, anti-dépresseurs...).

Et la liste n'est malheureusement pas exhaustive...

Note 1 : Comme par hasard, le pondérostat (sorte de thermostat situé dans le cerveau régulant notre appétit), est traversé par le circuit nerveux du stress.

Le Stress en Test

«Le voyage de mille lieues a commencé par un pas».
Lao Tseu

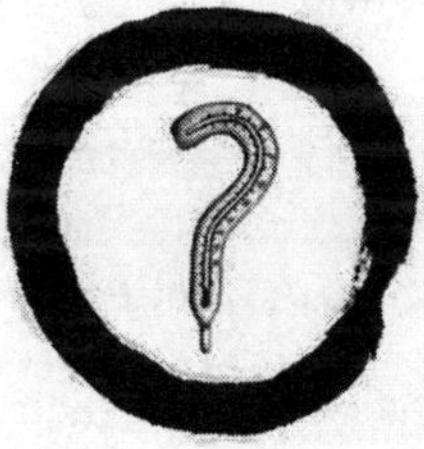

Sautez le pas pour entrer dans l'action et commencez par prendre la température de votre niveau actuel de vulnérabilité au stress.

Questionnaire

(Test de L. H. Miller et A. D. Smith du Boston University Medical Center)

Noter chaque affirmation de 1 (presque toujours) à 5 (jamais) dans la colonne de droite.

		De 1 à 5
1	Je mange au moins un repas chaud équilibré par jour	
2	Je dors 7 à 8 heures au moins 4 nuits par semaine	
3	Je donne et reçois des marques d'affection régulièrement	
4	J'ai au moins un parent sur qui je peux compter à moins de 80 Km	
5	Je fais de l'exercice jusqu'à transpirer au moins 2 fois par semaine	
6	Je fume moins d'un demi-paquet de cigarettes par jour	
7	Je bois moins de 5 boissons alcoolisés par semaine	
8	J'ai un poids normal pour ma taille	
9	J'ai un revenu suffisant pour faire face à mes dépenses essentielles	
10	Je puise ma force dans mes convictions	
11	J'assiste régulièrement à des réunions de club ou à des réunions mondaines	
12	J'ai un réseau d'amis et de relations	
13	J'ai un ami ou plus à qui me confier sur des sujets personnels	
14	Je suis en bonne santé (y compris la vue, l'ouie, les dents)	

15	Je suis capable de parler ouvertement de mes sentiments quand je suis en colère ou soucieux	
16	J'ai des conversations régulières avec ceux avec qui je vis sur les problèmes domestiques	
17	Je fais quelque chose pour me distraire au moins une fois par semaine	
18	Je suis capable d'organiser effectivement mon temps	
19	Je bois moins de 3 tasses de café (thé ou coca-cola) par jour	
20	Je m'accorde une période de tranquillité dans la journée	
	A/Total du questionnaire	
	B/	- 20
	Pour obtenir le résultat du test, additionner les chiffres (A) et soustraire 20 ***Résultat du Test (A - B)***	

Analyser le résultat de votre test :

Un total au-dessus de **30** indique une vulnérabilité au stress.
Si le total atteint **50** et **75**, la vulnérabilité est sérieuse.
Au-dessus de **75**, la vulnérabilité est extrême.

Vous pouvez également trouver d'autres tests sur www.bertrel.com

De plus, voici une liste (non exhaustive) d'indicateurs qui peuvent vous aider à signaler la montée d'un stress limitant :

- Vous pensez n'avoir jamais assez le temps.
- Vous devenez impulsif, agressif, insatisfait.

- Vous êtes souvent angoissé.
- Vous avez souvent l'estomac noué ou la gorge serrée.
- Vous constatez une baisse de votre désir ou de votre motivation.
- Vous éprouvez des tremblements moteurs, des impatiences ou des fourmis dans les membres.
- Vous perdez l'appétit ou vous succombez à des crises de grignotage, voire de boulimie.
- Vous augmentez votre consommation de tabac, d'alcool, de café, de table, de médicaments (anti-dépresseurs, somnifère...) ou de drogue (cannabis...).
- Vous présentez des troubles digestifs, par exemple des brûlures d'estomac.
- Vous dormez mal et êtes fatigué au réveil.
- Vous vous sentez souvent faible, fatigué.
- Vous avez des problèmes de peau comme l'eczéma ou le psoriasis.
- Vous êtes sujet aux infections saisonnières comme la gastro-entérite, le rhume, l'angine, la grippe...
- Vous êtes sujet aux malaises, étourdissements, maux de tête, palpitations cardiaques, sueurs, tensions musculaires, ou encore votre respiration est saccadée.

LE PLAN D'ACTION

«Chacun est l'artisan de son sort».

SALLUSTE

Vous connaissez maintenant mieux le stress et ses enjeux. Vous avez fait l'inventaire de vos principaux stress et repéré le niveau de votre vulnérabilité actuelle.

Vous le savez : mieux nous connaissons notre ennemi, plus il nous est facile de nous défendre. Vous allez donc apprendre à mieux repérer les sources de votre stress limitant. Pour cela, vous allez vous poser les bonnes questions en abordant honnêtement ses causes afin de déterminer concrètement votre plan d'action antistress.

Ainsi, pour modifier le film de votre vie, vous allez devenir « scénariste » et « metteur en scène ». Vous allez planter votre décor et écrire une nouvelle histoire.

Car qui mieux que vous sait ce qui est bon pour vous ? Personne !

MISE EN GARDE !

Avant d'aller plus loin, assurez-vous d'être certain de vraiment vouloir être moins stressé. Pour cela, posez-vous la question suivante :

Que m'apporte mon stress ?

Car oui, il y a des «avantages» à être stressé, en termes d'image de soi par exemple.

Au fait, quelle image voulez-vous donner de vous-même ?

- Celle du superman surbooké et débordé qui subit donc le stress limitant ?
- Ou celle de l'homme efficace et organisé, bien dans sa peau et dans sa tête qui gère et utilise donc son stress comme une ressource ?

Même s'il est clair que vous désirez être bien dans votre corps et dans votre esprit, prenez garde à la pression sociale. En effet, notre société privilégie le stress de multiples façons. C'est ainsi que les dirigeants d'entreprise confondent souvent stress et efficacité. Pour eux, si vous n'avez pas l'air stressé, c'est que vous ne donnez pas le maximum de vous-même. Selon cette logique, vous êtes apathique, inactif, improductif, donc non rentable. Bref, un mauvais élément dont il faut se séparer. Le comble, c'est que pour éliminer pareil élément, certains rajoutent une couche de stress supplémentaire destinée à le faire craquer et le pousser dehors. Donc, comme à l'école : « Peut mieux faire ! »

Par contre, si vous transpirez le stress, c'est que vous êtes dynamique, dans l'action, productif, donc rentable. Bref, un bon élément qu'il est bon de garder à son service.

Aussi sachez dès maintenant que vous allez modifier le regard que les autres vous portent. Certains seront admiratifs et vous deviendrez un élément régulateur du stress de votre groupe. D'autres, constamment en éveil contre toute supériorité, toute personnalité qui sorte de l'ordinaire, tout ce qui est plus libre, resteront dans leur jus limitant, pétris de cette méfiance et hostilité instinctive née de l'envie.

Aussi, si vous voulez VRAIMENT être moins stressé, si vous voulez vous épanouir et vous réaliser personnellement et professionnellement, voici quelques pistes qui vont vous permettre de VRAIMENT changer.

LA SOURCE DE VOTRE STRESS EST-ELLE TRAUMATIQUE ?

Parfois, le stress peut prendre sa source au plus profond de nous-mêmes. C'est la fragilité émotionnelle, l'image négative de soi (je suis nul et bon à rien...), ou l'image de soi erronée (pour *être* vraiment, il faut être quelqu'un d'important), ou encore une réponse à une injonction de notre enfance (sois parfait, sois fort...).

Eh oui, vous êtes le résultat du passé, mais le futur est toujours entre vos mains (paroles de sage).

Pour cela vous devez savoir qui vous êtes.

➻ Si vous ne le savez pas, qui donc est en train de vivre à votre place ?

Certains d'entre vous ressentiront peut-être le besoin d'aborder ce problème avec l'aide d'un médecin ou d'un psychothérapeute.

Êtes-vous flexible ?

Une seule chose est permanente ici-bas, c'est le changement, disait Lao Tseu.

Le monde change perpétuellement. Tout bouge, évolue, se transforme. Votre travail, votre vie, votre corps...

Seules la flexibilité et l'adaptation permettent de faire face.

Vous pouvez essayer de lutter pour ne pas changer.

Ou vous pouvez accepter le changement, et le vôtre par la même occasion.

Êtes-vous acteur ou spectateur de votre vie ?

Agissez-vous face aux événements ou les subissez-vous ?

Décidez-vous d'être en accord avec vous-même, avec vos valeurs, vos idéaux, vos rêves ou préférez-vous être en accord avec ce que pensent les autres, avec leurs valeurs, leurs idéaux et leurs rêves ?

Agissez-vous pour obtenir de la satisfaction, du plaisir, du bien-être ou comptez-vous sur la chance ?

Avez-vous un projet bien à vous ou est-ce celui d'un

autre ?

Rêvez-vous encore ou avez-vous renoncé à le faire ?

Bref, êtes-vous l'acteur de votre vie ou le spectateur, la victime qui joue le rôle d'un autre ?

L'acteur de sa vie pense que tout est possible et essaie au maximum de rester en accord avec lui-même. Il sait qu'il peut se faire confiance, car il a en lui les ressources nécessaires pour être heureux. Ainsi perçoit-il son environnement comme un champ de possibilités infinies et non comme une source de problèmes. Il n'hésite jamais à changer, car il sait que le changement est une opportunité pour élargir son horizon et même en ouvrir de nouveaux.

POUVEZ-VOUS ÉLIMINER LES CAUSES DE VOTRE STRESS ?

Commencez par vous poser la question suivante :

- « *Que puis-je faire dans l'organisation de ma vie pour éliminer les causes de stress limitant ?* ».

La réponse est souvent d'une extrême simplicité :

- «*Me lever un quart d'heure plus tôt le matin pour ne pas courir après le temps dès le réveil*».
- «*Résoudre mes problèmes administratifs au fur et à mesure pour ne plus y penser tout le temps*».

Ainsi, en prenant conscience de la cause, vous pouvez mieux vous protéger.

AGISSEZ EN ESSAYANT D'ANNULER LA CAUSE

Causes externes

Elles sont indépendantes de votre volonté. C'est le voisin qui fait du bruit, l'embouteillage, le mauvais temps...

Causes internes

Elles vous sont propres, en fonction de vos soucis, de votre tempérament, de votre personnalité, de votre façon de faire ou de penser.

C'est tout faire au dernier moment ou vouloir réaliser tout seul quelque chose nécessitant la participation de quelqu'un d'autre.

C'est aussi avoir peur de la mort, de la maladie...

APPRENEZ À VIVRE AVEC LA CAUSE

Lorsque vous ne pouvez pas agir sur la cause, vous pouvez essayer d'aménager.

- ***Relativisez et dédramatisez :***

Le retard à un rendez-vous ou au travail n'est généralement pas dramatique.

- ***Positivez et neutralisez :***

Transformez mentalement la réalité.

Votre employeur vous fait peur, visualisez-le avec une tête de clown.

- ***Trouvez une utilité :***

Par exemple, vous devez chaque soir laver la vaisselle. Plutôt que de le faire à contrecœur, essayez d'y trouver une utilité pour mieux vivre la situation.

Travaillez votre respiration par exemple.

VOTRE HYGIÈNE DE VIE

ET SI VOUS CHANGIEZ DE DÉCOR ?

Changer d'environnement peut être une solution. Au bout d'un certain temps, votre environnement peut finir par paraître hostile. La pollution, le climat, les nuisances sonores, un travail qui devient difficile à supporter...

En prenant conscience des éléments perturbateurs, vous allez pouvoir modifier votre environnement pour retrouver un équilibre salutaire. Cela peut aller du déplacement de vos meubles pour rendre une pièce plus fonctionnelle, au déménagement, au changement de travail ... ou parfois de conjoint !

Certes, le changement va engendrer un certain stress, mais il est susceptible ensuite de vous en faire économiser beaucoup.

Vivez-vous sainement ?

Une bonne hygiène de vie permet à votre organisme de mieux répondre à ses besoins, par exemple se défendre contre les agressions du stress.

Vous allez à présent être en mesure d'établir un petit bilan de votre hygiène de vie. Ce peut être aussi le moment de faire établir un bilan médical, biologique et physique. À propos, à quand remonte votre dernier «check-up» chez votre médecin ?

En matière d'hygiène de vie, retenez principalement la règle «nini» :

« Ni excès, ni frustration ».

C'est un peu de tout, mais sans excès. Aussi, privilégiez la diversité et la qualité à la quantité. Apprenez également à trouver l'équilibre entre le plaisir, vos propres tendances et une vie saine.

Voici quelques pistes :

L'HARMONISATION ÉNERGÉTIQUE

C'est également une règle «nini» :

« Ni trop en plein, ni trop en vide ».

En effet, en cas de trop-plein d'énergie, vous risquez de passer à l'acte sans forcément contrôler ces derniers. La violence (contre les autres ou contre soi-même) en est la parfaite illustration. En cas de manque, c'est le «coup de fatigue». Dans les deux cas, vous subissez votre énergie et vous risquez fort de ne pas réussir dans vos entreprises. Par une bonne hygiène de vie, recherchez le point d'équilibre entre le trop plein et l'insuffisance d'énergie.

Le sommeil

Le sommeil est votre meilleur antistress naturel.

Comme tout ce qui vit sur terre, vous êtes soumis aux rythmes alternatifs action/récupération. Après l'action de l'éveil, il vous faut passer par la récupération du sommeil. Et comme la qualité de votre repos conditionne votre journée à venir, vous avez tout intérêt à passer une bonne nuit si vous voulez que votre journée le soit aussi.

Idéalement, vos horaires de coucher et de lever devraient être réguliers.

Comme votre rythme biologique est unique, il vous appartient de définir votre temps de sommeil. En règle générale, il faut compter entre 6 à 8 heures de sommeil avec un minimum de 5 heures. Ceci est très variable d'un individu à un autre et d'une saison à l'autre.

En fait, votre rythme naturel est, à la base, calqué sur celui du soleil. Au cours des jours plus longs de l'été, vous avez naturellement besoin de moins de sommeil que durant ceux plus courts de l'hiver. Mais les «obligations» de votre vie active en ont sans doute décidé autrement...

Sachez que s'endormir est un rituel.

Aussi, repérez ce qui favorise votre endormissement (lecture, bain chaud, musique douce, séance de relaxation...) et évitez ce qui l'empêche (activités dynamisantes ou trop intellectuelles avant d'aller vous coucher). Évitez également la consommation d'excitant (café...) dans la soirée.

Comme le sommeil fonctionne par cycle, dès que vous sentez les prémisses de l'endormissement, ne laissez pas passer le « train du sommeil ». Laissez-le vous prendre et vous emmener aux pays des rêves, car il risque de ne repasser que plusieurs heures après. Pour vous donner un exemple, cela implique qu'il ne faut pas attendre d'avoir sommeil pour préparer vos affaires du lendemain ou faire votre toilette.

Au fait, comme statistiquement vous passez presque un tiers de votre vie au lit, dans quel état est votre literie ?

L'ALIMENTATION

Une alimentation saine favorise une bonne santé, base essentielle d'une gestion du stress efficace. Votre corps est votre véhicule. Et comme pour votre voiture, pour qu'il soit en état de bien fonctionner, il faut l'alimenter en bon carburant.

- Idéalement, mangez à heures régulières et évitez de sauter des repas : ce serait comme oublier de passer à la pompe à essence.
- Généralement, vous mangez trop et trop vite. À quoi bon mettre trop de carburant dans votre réservoir au risque de le faire déborder ? Cela vous alourdit inutilement et risque de vous coûter cher.
- Et comme manger est aussi source de plaisir, accordez-vous un peu plus de temps.
- Enfin, soyez conscient de ce que vous mangez. Ne mettez pas du diesel dans un moteur à essence.

La règle de conduite est « de tout, mais un peu ».

Les règles de base :

» Moins de viande, de sucre et de graisse. Plus de céréales, de légumes crus ou cuits et de fruits. Et pensez à boire davantage, car votre corps, constitué en majorité d'eau, a besoin de se réhydrater. Retenez que vos aliments sont aussi vos médicaments.

» Autre forme de nourriture, celle de l'esprit. Soyez conscient de votre nourriture intellectuelle (voire spirituelle). Apprenez à sélectionner l'information et ne vous laissez pas intoxiquer par toute cette nuisance médiatique (télévision, Internet...).

» Enfin, n'oubliez pas de bien respirer, car l'air est une nourriture vivante. La principale même. Alors, rendez-vous au chapitre sur la respiration.

L'EXERCICE PHYSIQUE

Par son effet à la fois dynamisant et anxiolytique (par l'action des endorphines), la pratique d'une activité physique est un parfait antistress. En fait, votre corps est fait pour bouger. Il est comme la batterie de votre voiture : pour le recharger en énergie, il faut l'utiliser. En bougeant, vous allez éliminer la fatigue nerveuse et laisser la place à une fatigue physique qui se transformera en énergie après récupération.

Choisissez une activité sportive que vous viviez comme un agrément, comme une source de plaisir et non pas comme une contrainte.

Idéalement, vous devez pratiquer au moins une demi-heure, deux fois par semaine. La régularité est importante.

Ou encore, vous pouvez décider de prendre plus souvent

les escaliers et essayer de marcher davantage.

Notez qu'il est important, surtout si vous n'avez pas pratiqué de sport depuis longtemps, de demander conseil à votre médecin ou à un médecin du sport.

Le stretching ou la souplesse du corps et de l'esprit

L'accumulation des tensions physique et mentale de votre quotidien finit par créer des zones de raideur dans vos articulations et vos muscles. Du coup, comme dans un carrefour bloqué, l'énergie circule moins bien. Et comme l'énergie qui ne circule pas stagne, vous êtes en danger. Le corps devient raide et l'esprit se tend, car ce qu'endure votre corps se répercute sur votre esprit.

Le stretching permet, en détendant vos muscles, de relâcher vos tensions corporelles et celles de votre esprit, brisant ainsi le cercle vicieux du stress limitant. Pensez donc à vous étirer dès que vous percevez trop de tension. Faites-le aussi systématiquement avant et après toute activité sportive pour préparer votre corps et lui permettre de mieux récupérer.

LES « POISONS ANXIOGÈNES »

Nous allons ici parler des effets du café, du tabac et de l'alcool sur le stress. Pensez aussi au bruit, aux conflits, à l'environnement, à la télévision qui sont autant de « poisons anxiogènes ».

Le café

Le café a la réputation d'être un pourvoyeur d'énergie. En fait, il n'amène en aucune façon de l'énergie extérieure.

Il augmente la consommation des cellules en glucose (pourvoyeur d'énergie) et puise dans les réserves du corps (muscle et foie). Quand les réserves sont maigres en raison d'une mauvaise hygiène de vie, la dette en énergie devient trop importante. Et pour compenser la baisse du niveau d'énergie il faut consommer encore plus de café. C'est le cercle vicieux qui s'installe.

De plus, notez que la caféine favorise l'anxiété et que du coup, vous dormez moins bien. Résultat : le lendemain, vous avez tendance à augmenter votre ration de café pour tenir le coup. Et ainsi de suite...

Le café naturellement faible en caféine est peut-être une bonne solution (car le traitement subi par un café décaféiné n'est pas sans inconvénient).

Le tabac

Même si la consommation de nicotine a un effet calmant, elle finit par augmenter les réactions au stress. De plus, vous risquez d'entrer dans un autre cercle vicieux : celui du fumeur et buveur de café. En effet, pour compenser la tension provoquée par l'énergie nerveuse du café, le fumeur va prendre sa dose de nicotine calmante. Et, «calmé», il va chercher à se redonner de l'énergie par une nouvelle dose de caféine. Et ainsi de suite...

Commencez par supprimer les cigarettes « automatiques ».

Pour cela, assurez-vous que vous avez vraiment envie de fumer avant d'allumer votre cigarette. Et si le cœur vous en dit, avant que ce ne soient vos poumons qui le fassent, arrêtez. Il existe quantité de méthodes : trouvez la vôtre.

Parlez-en à votre médecin. Au fait, avez-vous déjà rencontré quelqu'un qui regrette d'avoir arrêté de fumer ? Et si vous ne fumez pas, pensez à la fumée des autres. Le «fumeur passif» n'est malheureusement pas une légende.

L'alcool

Effectivement, prendre un verre détend immédiatement, car l'alcool est un relaxant musculaire. Comme il calme également l'anxiété, vous l'avez compris, il peut être à l'origine d'un autre cercle vicieux. Mais son effet est à court terme et sa consommation régulière diminue la résistance du système nerveux en accroissant la vulnérabilité au stress.

Les médicaments

Enfin, attention également au piège médicamenteux (anxiolytique, antidépresseurs...). Diverses études ont montré que les Français étaient les consommateurs numéro 1 de ce type de produits. Ne grossissez pas les troupes...

Le plaisir

Bon, n'oubliez pas quand même de vous faire plaisir et ne tombez pas dans le perfectionnisme : lâchez-vous la bride de temps en temps. Vivre, c'est aussi faire la fête, passer une nuit blanche à s'offrir un «gueuleton» ou à faire l'amour... Le puriste frustré devrait se souvenir que l'eau trop pure n'a pas de poisson, car elle en devient toxique.

Plaisez-vous

Comme chaque jour qui passe, vous avez rendez-vous avec la personne la plus importante, vous-même : choisissez vos vêtements, votre coiffure, votre parfum et vos accessoires pour vous plaire .

À ce propos, à quand remonte votre dernier rendez-vous chez le coiffeur et chez l'esthéticienne ?

GÉREZ-VOUS BIEN VOTRE TEMPS ?

Comment parler de gestion du stress sans parler du temps après lequel nous courons tous comme le lapin d' « Alice au pays des merveilles » ?

Voici quelques pistes qui vont vous permettre d'apprivoiser le temps.

SIMPLIFIEZ-VOUS LA VIE

C'est votre vie, alors cherchez à l'organiser selon vos goûts et surtout à vous la simplifier. Par exemple, organisez votre bureau de telle manière que vous ne perdiez pas de temps ni d'énergie à chercher un papier lorsque vous en avez besoin.

Ou si vous partez souvent en voyage, faites une liste de votre nécessaire. Cela vous évitera d'y réfléchir chaque fois en ayant peur d'oublier quelque chose.

Apprenez à dire « NON »

Apprenez à dire «non» si vous n'êtes pas sûr de pouvoir tenir vos engagements ou si vous pensez trop subir de stress pour les tenir. Ou encore lorsque vous n'avez tout simplement pas envie de dire «oui».

Affirmez-vous en exprimant vos sentiments et vos désirs. Cela évitera bien des tensions tout en donnant à vos «oui» une autre saveur.

Ne confondez pas « urgence » et « importance »

Prenez du recul pour déterminer le niveau d'importance de vos actions. Est-ce important ou pas ?

Puis indiquez le degré d'urgence en vous servant, par exemple, d'une échelle de 1 à 5. Vous obtenez ainsi le classement de vos actions selon l'enjeu réel et il en résulte un programme de travail plus facile à planifier.

Sachez faire « table rase »

Comme un coureur du « tour de France », prenez un moment avant de vous mettre au travail pour étudier le parcours de « l'étape du jour ». Cette vision d'ensemble vous aide à voir ce que vous avez à faire et à anticiper les éventuelles difficultés prévisibles. Elle vous donne un cadre de travail et des modalités précises d'intervention (où, quand, avec qui, dans quelles circonstances...).

À l'arrivée de l'étape, le soir, accordez-vous un moment pour revoir votre journée et la comparer avec vos prévisions du matin. Faites ce bilan et analysez les écarts en sachant vous féliciter de vos réussites, afin de relativiser et mieux comprendre ce qui s'est passé. Tirez les conclusions qui s'imposent et fermez la page de votre journée. L'étape est terminée, vous pouvez tourner la page.

Le lendemain, une nouvelle étape commence et vous allez écrire une nouvelle page de votre histoire.

Apprenez à faire « table rase » pour éviter l'accumulation.

Gérez votre planning

Planifiez vos actions de manière réaliste et comme votre planning n'est pas élastique, prévoyez des marges de sécurité pour les impondérables.

Pensez aussi à organiser votre temps pour faire les choses les unes après les autres en commençant toujours par la plus urgente. En effet, vous ne pourrez jamais déplacer une montagne si vous tentez de la bouger tout entière en une seule fois. Alors que pierre par pierre…

Enfin, n'hésitez pas à déléguer, à demander de l'aide si nécessaire ou à faire le point avec vos supérieurs hiérarchiques en cas de surcharge de travail permanente. Bref, ne vous laissez pas submerger par trop de travail ou trop de demandes.

Gérez votre énergie

Gérer son temps, c'est aussi gérer son énergie. Rappelez-vous qu'après l'action vient le temps de la récupération. Le sportif performant sait que la récupération fait partie de l'entraînement et que c'est une phase indispensable à la réussite. Alors, pensez à insérer dans votre planning des temps de repos, car ce que vous ne voyez pas inscrit sur le papier, vous le trouverez encore moins dans la réalité.

Planifiez vos moments de détente

La détente étant essentielle à votre équilibre physique et mental, accordez-vous plusieurs « breaks » par semaine. C'est le moment de jouir pleinement de vos loisirs, de faire une sieste, de prendre un bain chaud ou de vous dorer au soleil, de vous relaxer, de vous faire masser[1]...

De même, faites-vous plaisir. N'attendez pas qu'un autre le fasse pour vous et prenez tous les jours au moins un instant de bien-être. Voyez ces temps de détente comme des investissements largement rentabilisés par le plein d'énergie que vous allez y puiser. Vous repartirez travailler avec le maximum de vos capacités et pas seulement avec la partie de vous pas encore trop épuisée.

Au fait, à quand remontent votre dernier week-end et vos dernières vacances ?

Pensez Positif

Utilisez la pensée positive, car ce que vous entretenez dans votre esprit produit des effets dans votre vie. C'est ainsi que la nature de nos pensées conditionne notre évolution.

Note 1 : Il peut arriver que votre corps accumule tellement de fatigue physique et nerveuse qu'il ne parvienne plus à l'éliminer seul. Le massage (relaxant, énergisant, circulatoire ou antidouleur) est une solution idéale pour évacuer ces tensions.

En agriculture, en semant des grains de blé, on obtient du blé. Il en est de même des pensées : en semant du positif, vous récoltez du positif et en semant du négatif, vous récoltez du négatif.

Si vous entretenez des pensées optimistes (succès professionnel, bonne santé, équilibre affectif...), vous favorisez une vie optimiste. Avec des pensées pessimistes (échecs professionnels, maux divers, solitude...), vous risquez de vous y enfermer et de jeter vous-même la clé de votre prison.

Bien entendu, bien gérer ses pensées passe aussi par une bonne hygiène de vie. Mais comment développer la pensée positive ?

• Commencez par être attentif à la manière dont vous pensez actuellement. Êtes-vous généralement optimiste ou pessimiste ?

• Puis fixez vos pensées sur ce que vous voulez vivre et non sur ce que vous ne désirez pas (voir Technique n°16 - remarque).

Comme le mental est un grand jardin et qu'une pensée suit le même chemin qu'une graine, l'idée est de faire un peu de jardinage et d'éliminer vos « mauvaises herbes », c'est-à-dire vos « mauvaises pensées », au fur et à mesure qu'elles se présentent.

Les Graines	Vos Pensées
1/ Vous choisissez l'espèce de vos graines.	1/ Vous pouvez choisir la nature de vos pensées.
2/ Vous entretenez vos semis par des soins réguliers.	2/ Vous pouvez entretenir la nature de vos pensées par une émission régulière de pensées du même genre.
3/ Si vous cultivez des pommiers, vous récoltez des pommes.	3/ Si vous entretennez des pensées pessimistes, vous vivrez des situations limitatives.
4/ Une graine donne plusieurs fruits.	4/ Les situations vécues sont toujours plus intenses que les pensées émises.
5/ A tout instant, vous pouvez arracher les semis qui ne vous conviennent pas.	5/ A tout instant, vous pouvez changer la nature de vos pensées.

Ne soyez pas si critique !

Ne critiquez pas constamment ceux et celles qui vous entourent, car vous attirez la critique. En ne voyant toujours que les défauts chez les autres et dans les diverses situations, vous en oubliez les qualités.

« *Je ne dirai du mal de personne et je dirai tout le bien que je sais de tout le monde* » disait Benjamin Franklin.

Fuyez les personnes pessimistes

Fuyez tous ceux qui ont fait du pessimisme un art de vivre, ceux qui « broient du noir » à longueur de temps et qui vous sapent le moral. Ils vous volent votre énergie et vous fragilisent face au stress. Fuyez aussi ceux qui ont peur de tout et voient l'échec partout. Les pensées limitées de ces immobilistes risquent de semer le doute en vous. Et faute de mieux, réduisez au maximum vos contacts avec eux.

Recherchez les personnes optimistes

Connectez-vous avec les esprits ouverts et les grands cœurs. Regardez autour de vous et derrière les apparences : vous serez surpris d'y découvrir de bien belles âmes.

Acceptez les « petits nuages » quotidiens

Le meilleur exemple est la météo. Il ne fait pas beau ? Et alors... Comme vous n'y pouvez rien changer, acceptez l'énergie différente apportée par chaque passage climatique. Voyez ainsi la météo positivement pour ne pas la subir.

Positivez vos échecs

Souvenez-vous que l'échec n'existe pas, car ce n'est que du feed-back (retour d'information), donc une occasion d'apprendre. Aussi saisissez cette opportunité.

De plus, vous avez le droit de ne pas tout réussir du premier coup. Ne vous jugez pas durement, car même si vous êtes responsable de la situation, vous n'êtes pas coupable.

Savourez vos réussites

Prenez le temps de savourer vos réussites, car elles sont le fruit de votre travail et de votre savoir-faire.

D'autre part, vous pouvez aussi plonger mentalement

dans le souvenir de ces moments de réussite, par exemple lorsque vous avez besoin de motivation.

Enfin, prenez conscience de la stratégie que vous avez mise en place pour réussir, car elle pourrait bien vous resservir dans le futur.

COMMUNIQUEZ DIFFÉREMMENT

La communication peut être source de conflit, donc de tension. Elle n'est pas l'art de convaincre, mais celui de se relier aux autres. Car en voulant convaincre, sachez qu'il y aura toujours un « con » et un « vaincu » (convaincu).

C'est aussi le moment d'essayer de rétablir une relation difficile ou rompue avec quelqu'un d'important pour vous.

FAITES DES CONCESSIONS

Ne restez pas systématiquement sur vos positions : sachez faire preuve de flexibilité et d'adaptation. Souvenez-vous que la raideur est source de tension et la souplesse source de détente. Alors, cultivez la souplesse d'esprit.

Exprimez-vous

Ne gardez pas pour vous vos craintes et vos soucis.

Confiez-vous à une personne de confiance et libérez votre esprit de ce poids.

De plus, si vous cherchez une solution, deux têtes valent souvent mieux qu'une.

Libérez votre colère

Surtout ne la gardez pas en vous, car elle vous empoisonne. Évacuez-la en pratiquant une activité physique ou en apprenant à vous en libérer (voir chapitre suivant destiné à la pratique).

Pleurez

Laissez-vous aller à évacuer ce que vous avez à évacuer. Pourquoi retenir ses larmes ? Pour en faire quoi ? Avec quelques larmes en moins, vous vous sentirez plus léger.

Et pour ceux qui pensent encore qu'un homme ne pleure pas, rappelez-vous que nous sommes tous constitués d'une part masculine et d'une part féminine (voir avant-propos). Alors pour sauvegarder votre masculinité, laissez votre féminité pleurer...

Rendez service

À la manière des scouts, faites votre bonne action quotidienne, car en plus de vous donner bonne conscience, vous en oubliez temporairement vos propres préoccupations. Mais faites-le sans rien attendre en retour. Ne donnez pas d'une main pour prendre de l'autre. Ne faites pas de l'autre votre débiteur.

Et si vous n'en avez vraiment pas le temps, sortez de votre poche votre plus beau sourire, un compliment ou un peu de respect et offrez-le à qui en a besoin. N'oubliez pas : vous récoltez ce que vous semez.

« *Le bonheur est un parfum que l'on ne peut répandre sur autrui sans en faire rejaillir quelques gouttes sur soi-même* », disait Emerson.

Ne négligez pas votre entourage

Ne vous privez pas de l'affection de votre famille et de vos amis, véritable réconfort dans les moments difficiles. Aussi, voyez-les le plus souvent possible et surtout ne perdez pas contact avec eux.

Essayez même d'élargir votre cercle relationnel sans toujours rester confiné au même réseau, car vous élargissez ainsi votre horizon.

À propos, comment répartissez-vous votre vie (en pourcentage, de 0 à 100%)?

Professionnelle (Travail)	%
Sociale (Amis, association...)	%
Familiale (Famille et couple)	%
Personnelle (juste vous)	%
Autres (précisez ci-dessous)	%

Ne cherchez pas à répartir votre temps de manière égale, mais repérez les éventuels « excès » et « insuffisances » et demandez-vous :

Quelle part de ma vie a besoin d'être plus développée ?

Quelle part de ma vie a besoin d'être diminuée ?

Prenez le recul nécessaire pour vous demander si vous n'êtes pas en train de vous tromper de vie.

Riez et jouez

Une publicité américaine pour inciter les gens à être de bonne humeur disait :

« *Si vous êtes renfrogné, vous contractez quarante-sept muscles de votre visage ; si vous souriez, seulement dix-huit. Alors, souriez !* » Le sourire est donc une économie musculaire. De plus, le rire libère l'esprit, relaxe et dédramatise. Il permet même de gagner. « *Sourire quand on perd permet de gagner* », disait Paul Émile Victor. Testez sa théorie dans les moments de stress et vous verrez combien c'est efficace. Comme vous êtes un ex-enfant, vous n'aurez pas de mal à retrouver votre enfant intérieur espiègle, joueur et du même coup votre créativité. Allez voir un ami ou un film drôle, un spectacle ou une pièce de théâtre comique... Bref, entourez-vous de gaieté.

Et si vraiment vous avez « l'élastique » des maxillaires par trop relâché, pas de panique : étirez le bord externe de vos lèvres jusqu'aux oreilles et voilà... vous commencez à retrouver le sourire !

N'oubliez pas, souriez, vous êtes stressé !

Utilisez vos sens

Pour vous « débrancher » du stress limitant, « branchez-vous » sur l'un de vos sens. Redécouvrez les plaisirs des sens. Jouez avec eux et faites-vous plaisir, car cela vous fera du bien. Laissez la « fourmi » stressée de côté et jouez la « cigale » détendue et heureuse. Ainsi, face au stress, vous ne serez jamais dépourvu.

Jouez d'un instrument ou écoutez la musique qui vous

plait en vous laissant aussi découvrir de temps en temps des rythmes nouveaux.

Chantez, et même si vous chantez mal, faites-le juste pour le plaisir de redécouvrir votre énergie vocale.

Dansez et vibrez au rythme de la musique. Et si vous n'êtes pas bon danseur, au diable la technique. Pour ne plus marcher sur les pieds de votre partenaire, pourquoi ne pas danser seul et laisser jaillir l'énergie primitive qui sommeille en vous ?

Levez le bout de votre nez et sentez les parfums de la nature.

Ouvrez les yeux et regardez ce qui est beau autour de vous.

Ressentez et imprégnez-vous de l'énergie du petit matin ou de celle du soleil couchant. Ou encore de la sensation de vos mains pétrissant la pâte à pain...

AIMEZ

L'amour est l'énergie absolue qui réside en chacun de nous. Nous aimons tous. Plus ou moins bien, mais nous aimons tous. Sans exception. Aussi, même si vous avez été déçu en amitié ou en amour, ne restez pas sur une déception. « *Il n'y a qu'un remède à l'amour, aimer davantage* », disait encore Emerson. À propos, l'amour physique est un très bon exemple de tension/détente...

Enfin, l'amour que vous portez à votre animal domestique est également un bon antistress. Le chat que vous caressez sur vos genoux ou les poissons que vous regardez danser dans l'eau de votre aquarium génèrent en vous le calme.

Et la liste n'est pas exhaustive...

Plan et Contrat d'Action

À vous de jouer !

Définissez-vous un objectif possible

Certains pensent que tout est possible et que le possible se trouve juste un tout petit peu après l'impossible. Mais si, dans le même temps, vous choisissez un objectif « impossible » à atteindre (dans l'immédiat), vous serez continuellement sous tension et à terme déçu, augmentant encore la pression subie.

Par exemple, ne cherchez pas à courir le « 100 mètres » en moins de 10 secondes du premier coup si vous ne courez jamais. La route vous menant d'un point A (aujourd'hui) à un point B (le 100 mètres en moins de 10 secondes) est jalonnée de « sous objectifs » vous permettant de progresser étape par étape.

Aussi, choisissez toujours un objectif correspondant à vos capacités, à vos contraintes et faites de votre mieux. Et peut-être qu'un jour, d'objectif en objectif…

***Très important** :*

Prenez bien garde de définir correctement tous vos objectifs.

Car un objectif mal défini est souvent cause de stress

inutile et d'échec.

Pour vous poser les bonnes questions, reportez-vous au plan d'action (point 2).

Acteur de votre changement, à vous de décider ce que vous allez concrètement changer dans votre vie dès aujourd'hui. Comme « *il n'est point de vents favorables pour celui qui ne sait où il va* » (Sénèque), décidez de votre plan d'action et engagez-vous.

Pour cela, suivez les 3 étapes ci-dessous.

À propos, pourquoi avoir un objectif ?
Parce qu'il n'y a pas de motivation sans objectif.

1. Cochez dans la liste ci-dessous tout ce que vous voulez :

* Je veux éliminer une ou plusieurs causes de mon stress. ☐

Inscrivez ici les domaines que vous souhaitez améliorer concrètement :

Annuler la cause : externe ou interne ou **apprendre à vivre avec :** relativiser, positiver ou trouver une utilité.

* Je veux changer de décor. ☐

* Je veux vivre plus sainement. ☐

Inscrivez ici les domaines que vous souhaitez améliorer concrètement :

(Sommeil, alimentation, exercice physique, poisons anxiogènes).

* Je veux mieux gérer mon temps. ☐

Inscrivez ici les domaines que vous souhaitez améliorer concrètement :

(Organisation, dire non, faire table rase, gestion du planning et de l'énergie...).

* Je veux entretenir des pensées positives. ☐

* Je veux fuir les personnes pessimistes et rechercher la compagnie des optimistes.

* Je veux accepter les « petits nuages » quotidiens (météo, embouteillages,...).

* Je veux améliorer ma communication et éviter les conflits.

Inscrivez ici les domaines que vous souhaitez améliorer concrètement :

(Se relier aux autres et ne pas chercher à vaincre (con-vaincu), faire des concessions, être plus flexible, s'adapter...).

* Je veux exprimer mes craintes, mes soucis, et me libérer de ma colère.

* Je veux positiver mes échecs et savourer mes réussites.

* Je veux rendre service.

* Je veux avoir des objectifs réalistes et qui ne dépendent que de moi.

* Je veux prendre régulièrement du recul pour faire le point sur mes objectifs.

* Je veux planifier mes moments de détente hebdomadaire et de plaisir journalier.

* Je veux faire de la relaxation régulièrement (un peu chaque jour).

* Je veux apprendre à me plaire davantage (à aller plus souvent chez le coiffeur, l'esthéticienne...).

* Je veux soigner mon entourage et développer mon réseau relationnel.

* Je veux mieux répartir ma vie en considérant ce qui est vraiment important pour moi.

Inscrivez ici vos priorités : soit les domaines de vie que vous souhaitez développer ou diminuer concrétement :
(Professionnelle, sociale, familliale, personnelle, autre)

* Je veux pratiquer l'humour et rire.

* Je veux utiliser mes sens chaque jour pour mon plaisir (musique, chant, danse...).

* Je veux autre chose.

Précisez ici de quoi il s'agit concrétement : par exemple :

Je veux me faire masser une fois par semaine en institut.
Je veux consulter un spécialiste, car mon stress est d'origine traumatique.

2. Choisissez et organisez vos objectifs.

Utilisez le modèle de tableau ci-après : PLAN D'ACTION.

a) Choisissez 4 objectifs seulement et classez-les par ordre d'importance ou d'urgence (par lequel allez-vous commencer ?).

Pas plus de quatre (voir deux pour commencer), car « *l'important n'est pas de frapper fort ou souvent, mais de frapper juste* » (H. de Balzac). De plus, avec trop d'objectifs, vous risquez de perdre votre motivation.

b) Définissez et clarifiez-les en vous assurant pour chaque objectif :

- D'exprimer ce que vous voulez et non ce que vous ne voulez pas (formulez l'objectif en commençant par «je veux», non par «je ne veux pas»).
- D'évaluer ce qu'il vous apportera (en quoi est-ce important pour vous et pour quel bénéfice ?).
- Qu'il est réaliste et ne dépend bien que de vous.
- Que le changement ne présente pas d'obstacle ou d'inconvénient, pour vous et pour votre entourage.
- D'anticiper l'impact et les effets du changement pour vous et pour votre environnement.
- De le contextualiser : Où ? Quand allez-vous vous y mettre ? Quand ferez-vous le point[1] ? Quand terminerez-vous ? Comment allez-vous vous y prendre ? Avez-vous besoin d'aide et si oui qui ou quoi ?

Note 1 : Planifiez dès maintenant le moment où vous allez faire le point sur vos objectifs. Demandez-vous où vous en êtes et si vous êtes sur la bonne voie. Ajustez si besoin.

- D'identifier les éléments qui vous permettront de savoir que vous l'avez atteint (indicateurs de réussite).

PLAN D'ACTION

	Objectif n°1 :	Objectif n°2 :	Objectif n°3 :	Objectif n°4 :
Je veux				
Bénéfice				
Réaliste ?				
Ne dépend que de moi ?				
Obstacle ou inconvénient ?				
Impact ?				
Où ?				
Quand ?				
Date de début				
Date 1er point				
Date de fin				
Comment ?				
Avec qui ?				
Indicateurs de réussite ?				

3. ENGAGEZ-VOUS !

Utilisez le modèle de tableau ci-après : CONTRAT D'ACTION.

Maintenant que votre plan d'action est construit :

- Prenez une feuille de papier et décrivez clairement vos 4 objectifs.
- Datez et signez ce document, car c'est un contrat que vous signez avec vous-même.
- Puis, affichez cette feuille dans un endroit où vous pourrez l'avoir sous les yeux. Elle alimentera votre motivation.

Vous pouvez également y ajouter une devise, une image ou un dessin qui vous motive dans vos objectifs. Par exemple, de simples mots associés comme « liberté, égalité, fraternité » ou « volonté, travail et réussite », ou encore une citation en commençant par les célèbres « quand on veut, on peut » ou « un esprit sain dans un corps sain ».

Voici d'autres exemples :

« Le plus grand arbre est né d'une graine menue ».

LAO TSEU

« Il n'y a que ceux qui sont dans les batailles qui les gagnent ».

Saint JUST

« La victoire sur soi est la plus grande des victoires ».

PLATON

« Ils peuvent parce qu'ils croient pouvoir ».

VIRGILE

« On ne croit qu'en ceux qui croient en eux ».

TALLEYRAND

« Toute grande réalisation a d'abord été un rêve dans la tête de quelqu'un ».

EINSTEIN

« Toutes les fleurs de l'avenir sont dans les semences d'aujourd'hui ».

PROVERBE CHINOIS

« Nous devons nous préoccuper de l'avenir parce que c'est là que nous allons passer le reste de notre vie ».

P. DRUCKER

« Pour être un champion, vous devez croire en vous-même quand personne d'autre ne le fait ».

S. R. ROBINSON

« Visez la lune. Même si vous la ratez, vous atterrirez parmi les étoiles ».

Les BROWN

« Que le meilleur de mon passé soit le pire de mon avenir ».

CONTRAT D'ACTION

MA DEVISE

MON PLAN D'ACTION

Objectif n° 1 :

Objectif n° 2 :

Objectif n° 3 :

Objectif n° 4 :

Le 29 janvier 2005

Signature

La Pratique

« Une once de pratique vaut mieux que des tonnes de théorie ».

Vous êtes ici « l'acteur en répétition » du film de votre vie.

En phase d'entraînement, vous répétez un nouveau rôle, le vôtre, et non plus celui qu'on cherche à vous faire jouer et que vous avez accepté jusqu'ici.

Vos quatre objectifs d'action définis, vous allez maintenant apprendre à vous relaxer, à vous préparer mentalement pour être encore plus efficace dans l'action. Bref, à utiliser la boîte à outils présentée ici pour faire de la « relax-action » et de la « prépar-action » mentale.

Alors, amusez-vous bien !

En randonnée, si votre sac à dos est trop lourd, vous avez deux solutions :

- La première, poursuivre votre chemin, souffrir jusqu'à ne plus pouvoir le porter, jusqu'à épuisement.
- La deuxième, prendre le temps de vous arrêter, d'en vider tout ou partie pour reprendre votre chemin d'un pas léger.

Sur le chemin de votre vie, trop de tension fait que vous ressentez parfois le besoin de vider votre sac… ou du moins de l'alléger.

La pratique régulière des techniques proposées maintenant joue un rôle « préventif », réduisant nettement l'accumulation de tension en fin de journée. Par la pratique, vous allez apprendre à réguler votre stress.

Sans tension, donc sans souci, donc sans symptôme

Rappelez-vous que gérer votre stress, c'est avant tout faire de la prévention. Et même si ces techniques sont aussi utilisées à titre « curatif », mieux vaut agir avant que votre sac ne soit trop lourd. Pourquoi attendre ? Pourquoi souffrir inutilement ?

Pourquoi la relaxation et l'entraînement mental ?

Le corps et l'esprit sont liés l'un à l'autre. Ainsi, vous pouvez travailler sur le bien-être du corps pour tranquilliser l'esprit. C'est ce que vous allez apprendre à faire avec les techniques de relaxation.

De la même manière, on peut s'intéresser à l'esprit pour calmer le corps. C'est ce que vous allez apprendre à faire avec les techniques d'entraînement mental.

Ces techniques vous sont présentées dans un ordre qu'il est préférable de respecter. Car, bien « assis » dans votre relaxation, vous pourrez mieux vivre votre préparation mentale.

Avertissement

Par toutes ces techniques, vous allez modifier certaines de vos croyances. Vous allez transformer certaines croyances limitantes en croyances aidantes.

Par exemple :

- Non, le stress n'est pas une fatalité, car il est possible de le maîtriser.
- Oui, il peut être notre ennemi, mais en le gérant, il devient notre allié.

En aucun cas vous n'allez supprimer une croyance forte (politique, religieuse...), car c'est impossible. Véritables piliers, elles soutiennent le temple de votre vie. Votre esprit ne le permettrait pas car, comme une chaise à trois pieds, ce serait mettre votre équilibre, donc votre avenir, en danger. Par contre, il est possible de les modifier ou de les remplacer.

Cinq raisons de plus pour pratiquer

En attendant que vous vous décidiez à vous lancer, que ce soit maintenant ou dans quelques heures, voici encore cinq bonnes raisons pour pratiquer.

1. Rien ne remplace la pratique, tout le reste n'est que bavardage.

En effet, pour apprendre ce qu'est le chaud et le froid, vous avez expérimenté en pratiquant. Tant que ces sensations n'étaient pas passées dans votre peau, ce n'était pour vous qu'une rumeur.

Cette expérience vous a apporté une ressource supplémentaire. Et comme chaque expérience est une ressource potentielle... à vos marques, prêt, testez !

2/ Vous n'avez pas besoin de pratiquer plusieurs heures par jour, mais seulement une heure environ par semaine.

Il vous suffit de trouver, dans les 10 080 minutes d'une semaine, au moins 10 minutes par jour pour votre plus grand profit, soit 0,70 % d'une semaine. C'est à peine plus de temps que vous n'en consacrez au brossage de vos dents. Et en plus, vous pratiquez quand vous voulez. Alors, accordez-vous ce temps et le reste aux autres. Ils vous en seront reconnaissants, car vous serez encore mieux connecté avec eux par la suite. Et même si vous ne pratiquez pas très souvent, sachez qu'il vous en restera toujours quelque chose... Toujours !

3/ La plupart des techniques sont simples.

Cette simplicité comporte un avantage et également un risque. L'avantage est de les rendre plus accessibles à l'apprentissage, au risque d'offusquer votre mental devant une telle simplicité. Il s'agit de la même simplicité qui a souvent fait d'une idée très simple une invention révolutionnaire. C'était là, sous notre nez. Il suffisait d'y penser...

4/ Plus vous vous entraînerez, plus ces techniques seront efficaces et plus vous aurez accès rapidement, voire automatiquement, aux effets souhaités.

5/ Vous allez devenir, par ricochet, un élément régulateur du stress de votre entourage. Vous pourrez très vite vérifier combien l'épanouissement est communicatif.

Avant de commencer à pratiquer, encore quelques conseils

Règle n° 1

Comme dans tout jeu, il existe des règles. Ici, il n'y en a qu'une seule :

Que chacun s'amuse et prenne du plaisir en pratiquant !

La périodicité

Privilégiez la fréquence. Des séances régulières (mêmes courtes) sont préférables à une longue séance hebdomadaire. La régularité est la base d'une assimilation naturelle.

De plus, soyez patient : respectez votre rythme d'apprentissage sans brûler les étapes. L'enfant qui apprend à marcher ne cherche pas à courir tout de suite...

Soyez bon et tolérant avec vous-même. C'est le moment de prendre le temps... de prendre votre temps, de changer vos habitudes.

L'environnement

Pour que ces techniques apportent le maximum de bienfaits, il est important de prêter attention à l'ambiance de votre environnement.

Assurez-vous que rien ne viendra vous perturber pendant le temps que vous consacrez à vous-même. Par exemple, débranchez le téléphone.

Assurez-vous également que votre environnement soit propice à la détente. Si c'est en intérieur, la pièce doit être aérée, tempérée et calme.

Notez que, comme le calme appelle le calme, plus vous vous en entourez, plus vous allez le ressentir (il en est de même pour l'énergie, par exemple, et malheureusement aussi pour l'agressivité...).

Peut-être pourriez-vous réduire la lumière et allumer une bougie ? Laissez le parfum d'un bon encens remplir la pièce : c'est générateur de calme.

Choisissez le bon support pour vous installer confortablement et vous laisser guider vers la détente, la relaxation.

À partir de ces quelques exemples, je vous laisse imaginer votre espace de détente.

La tenue vestimentaire

L'idéal est de pratiquer dans des vêtements amples, des chaussures plates ou mieux, les pieds nus pour de meilleures sensations.

Si vous êtes au bureau, décontractez le plus possible votre tenue (ouvrez votre ceinture, votre col de chemise, votre cravate...).

Le matériel

Pas de matériel spécifique.

Juste une chaise et un coussin en fonction des techniques.

L'attitude physique

Toutes les techniques se pratiquent habituellement les yeux fermés, car la concentration est meilleure quand on supprime les parasites environnementaux.

Ainsi, plus rien ne vous retient à l'extérieur, tout vous attire vers l'intérieur (du monde extérieur vers votre monde intérieur).

Vous pouvez vivre vos séances en étant debout, assis ou

même allongé.

Cela peut varier et si aucune précision ne vous a été donnée lors de la présentation technique de l'exercice, choisissez ce qui vous convient le mieux.

Enfin et surtout, soyez vigilant. Gardez le dos droit et ne restez jamais trop longtemps dans la même position. Aucune technique ne doit être douloureuse physiquement.

L'état d'esprit « ici et maintenant »

La vie se déroule « ici et maintenant » !

« Ici et maintenant » signifie être entièrement à ce que vous faites au moment où vous le faites. Ce n'est donc pas penser au passé ou au futur en oubliant le moment présent.

Ce serait comme prendre votre repas en pensant à ce que vous avez mangé hier ou ce que vous allez consommer demain. D'autant que penser anxieusement au passé ou à l'avenir déclenche en vous du stress limitant.

Il convient donc d'être complètement présent dans le « maintenant », car l'essentiel est « ici et maintenant » et pas « ailleurs et demain ».

Parce que ce qui n'est pas ici n'est nulle part ailleurs, si vous n'êtes pas heureux « ici et maintenant », vous ne le serez jamais.

Parce que la vie est une succession « d'ici et maintenant », si vous êtes anxieux ici, vous le serez votre vie durant.

Comment faire ?

C'est très simple, car le corps vit au présent alors que le passé et le futur sont appréhendés uniquement par le mental.

Ainsi, regardez une partie de votre corps, votre main par exemple. Contractez-la fortement quelques secondes, puis relâchez la tension en prenant conscience de vos sensations corporelles (chaleur, picotement...).

À cet instant précis, en revenant au corps, vous vous replacez dans « l'ici et maintenant » sans penser à hier ou demain.

Vous avez ainsi contrôlé votre activité mentale durant quelques instants.

Vous l'avez compris, vivre au présent « ici et maintenant » est un outil très efficace de régulation de votre stress.

Pourtant, il vous faut parfois penser au futur, ne serait-ce que pour l'organiser. C'est vrai. Aussi, lorsque vous devez le faire, dites-vous « ici et maintenant ». Vous faites des plans « ici et maintenant ».

Il en est de même pour le passé. Vous vous souvenez « ici et maintenant ».

Pratiquer seul ou en groupe ?

Il peut être intéressant d'expérimenter les deux versions.

Le feu n'est pas le même dans la cheminée suivant que brûle une seule bûche ou plusieurs...

Pas envie de pratiquer ?

Il se peut que vous n'ayez pas envie de pratiquer. Si cela vous arrive, mettez-vous debout : c'est plus dynamisant. En effet, par cet acte, vous activez vos processus de motivation.

Décontractez votre tenue vestimentaire, puis commencez à bouger, car c'est souvent le début le plus difficile. Et voilà !

Vous êtes déjà dans la pratique...

VOTRE SÉANCE

Vous l'avez compris, vous pouvez pratiquer :

- *À titre « préventif »*, c'est-à-dire avant que le stress ne soit trop intense, limitant, bref trop dangereux pour votre équilibre. Ainsi, commencez par construire votre séance « à la carte » en choisissant votre menu du jour, comme au restaurant, parmi plusieurs techniques à pratiquer séparément ou bien à la suite les unes des autres.
- *À titre « curatif »*, c'est-à-dire lorsque le stress limitant est déjà présent et que vous ressentez un état de déséquilibre. Ainsi, improvisez une séance et utilisez ces techniques au quotidien quand vous en éprouvez le besoin. Pour vous aider à mieux les appréhender, elles vous seront présentées accompagnées d'exemples concrets de leur utilisation.

IMPORTANT !

Notez bien que pour optimiser la technique choisie, il convient de vous y préparer de la manière suivante :

AVANT ET APRÈS VOTRE SÉANCE

Si vous utilisez un ordinateur, vous savez qu'il lui faut quelques instants pour démarrer et pour s'arrêter. Au démarrage, le système initialise le matériel (mémoire + clavier + imprimante...) et charge les logiciels. Et juste avant de s'arrêter, il sauvegarde toutes les modifications, les nouvelles données.

De même, il vous faut quelques instants avant de démarrer et d'arrêter votre pratique.

Au démarrage, vous initialisez votre matériel (mémoire mentale, mémoire corporelle, etc.., pour intégrer ce que vous allez expérimenter) et vous chargez vos logiciels (par exemple les techniques de ce livre).

Et juste avant de vous arrêter, vous sauvegardez les nouvelles données, les bénéfices de votre séance.

Ces instants sont des « sas de décompression » qui vous permettent de prendre conscience de ce que vous passez d'une action à une autre. Que vous êtes présent à ce que vous faites, « ici et maintenant ».

Ne vous ruez pas sur les techniques pour repartir encore plus vite dans l'actualité de votre quotidien, car votre pratique y perdrait beaucoup de son sens et de son efficacité.

AVANT VOTRE SÉANCE

1. *Echauffez-vous*

L'idéal est de vivre votre séance après un léger échauffement de votre corps. Vous pouvez pour cela, en une minute seulement, frotter l'ensemble de votre corps comme si vous étiez sous la douche, en train de vous laver.

Commencez par la tête, le cou, les épaules, etc.., jusqu'au bout des orteils en vous concentrant sur vos sensations dans « l'ici et maintenant ».

2. *Détendez-vous*

Prenez conscience de la forme de votre corps tout entier, sans tension. Cette prise de conscience induit la détente physique et mentale. Elle a pour but d'unir le corps et l'esprit.

C'est une base fondamentale du travail.

Pour cela, vous allez, en deux minutes, passer votre corps en revue, partie après partie, en commençant par le haut (le visage), jusqu'au bas (les pieds), en vérifiant que chaque partie soit bien détendue, sans tension.

Si vous repérez une tension, contractez cette partie, car vous ressentirez mieux la détente s'y installer après relâchement. Référez-vous, si besoin, à la séance type (*page 89*).

Pendant votre séance

Faites une « pause »

Après un repas, vous devez digérer et laisser à votre corps le soin de sélectionner ce qu'il doit garder et ce qu'il doit éliminer. Pour cela, vous n'avez rien d'autre à faire que de… laisser faire.

Après la pratique d'une technique, vous avez également besoin de « digérer ».

Il est essentiel de prendre le temps nécessaire pour intégrer ce que vous venez d'expérimenter, pour laisser les choses bouger, bref, pour assimiler les bénéfices de votre séance. Pour cela, parfois vous n'avez rien d'autre à faire que de laisser les choses se faire d'elles-mêmes.

Votre corps et votre inconscient travaillent pour vous. Laissez-les agir. Laissez-leur le soin d'enregistrer, en une minute, les effets de la relaxation physique et de la détente mentale.

Parfois vous serez invité à accueillir les sensations qui vous parviennent, à donner un nom à ces messages : calme, pesanteur, chaleur…, un peu comme on le fait parfois après un bon repas pour en prolonger l'agrément.

Pour reprendre la métaphore de l'ordinateur, il vaut mieux consacrer régulièrement un cours instant à sauvegarder votre travail. Sinon, vous risquez de perdre l'ensemble de ce que vous venez de faire, donc de perdre votre temps. Il en est de même pendant la séance.

Après votre séance

- ***Vous devez :***

Prendre le temps de sortir de votre séance tranquillement, à votre rythme, comme si vous sortiez d'un long et profond sommeil et rêve.

Prenez le temps de reprendre un niveau de conscience normal pour retourner à votre actualité quotidienne et charger les bénéfices de votre séance. De même que pendant une pause, c'est un moment d'intégration. À quoi ressemblerait votre logement si vous ne preniez pas le temps d'en ranger l'intérieur ?

Après la séance (de même que pendant les pauses), il vous faut laisser à votre « intérieur » le temps de se ranger...

- ***Vous pouvez :***

En quelques mots et par écrit, exprimer ce que vous avez ressenti, vécu, appris, expérimenté pendant cette séance. Bref, décrivez l'expérience vécue.

- Pourquoi faire ?

Vous allez ainsi actualiser les bénéfices obtenus. Dans le cas contraire, ils risquent de rester en stock, bien cachés dans votre inconscient.

- *Comment faire ?*

Vous pouvez organiser votre « carnet de bord » en notant des informations du type : le jour, l'heure, la technique choisie, vos impressions positives ou moins positives... et tout ce qui vous passe par la tête à ce moment-là. Car même si cela n'a pas de sens aujourd'hui, il se pourrait bien que cela en prenne plus tard.

- *Pourquoi écrire ?*

Écrire est un haut vecteur de communication avec soi-même. Cela permet de prendre de la distance, du recul, de se dissocier, de devenir spectateur de ses propres sentiments et contribue à fixer les idées. Vous pouvez donc espérer une prise de conscience beaucoup plus importante.

Régulièrement, en écrivant après vos séances, vous prenez date avec vous-même. Enfin, l'écrit est une protection, car vous pouvez, si c'est votre désir, en rester le seul lecteur.

SÉANCE TYPE

Si vous le désirez, vous pouvez enregistrer cette séance, ainsi que le ou les exercices que vous allez choisir. Pour cela, parlez d'une voix calme et faites attention au volume (pas trop fort, ce qui dérange, ni trop bas : il faut quand même entendre), ainsi qu'au tempo (ralentir le rythme normal). Cet enregistrement vous guidera ensuite lors de vos premiers essais.

Vous pouvez également télécharger une séance type sur www.bertrel.com

Le début de la séance

« Commençons notre séance par un léger échauffement de notre corps.

Prenons une minute pour frotter l'ensemble de notre corps comme si nous étions sous la douche, en train de nous laver.

Bien entendu, nous nous concentrons sur nos sensations dans « l'ici et maintenant ».

Commençons par le cuir chevelu, le front, les yeux, le nez, la bouche - langue et mâchoires relâchées -, les joues, les oreilles, le cou, la nuque, les épaules.

Les bras. Le gauche, puis le droit : le bras, le coude, l'avant-bras, le poignet, la main jusqu'au bout des doigts.

Le dos, puis le buste en commençant par le haut.

Le ventre, en le massant en douceur par petits mouvements circulaires dans le sens des aiguilles d'une montre.

Les fessiers, en contractant le muscle périnée pour mieux ressentir la détente s'installer après relâchement.

Et enfin les jambes. La gauche, puis la droite : la cuisse, le genou et l'arrière du genou, le mollet, la cheville, le pied jusqu'au bout des orteils.

Très bien. Maintenant que nous sommes prêts, je vous propose de vérifier que vous êtes installé le plus confortablement possible.

Et je vous invite à fermer les yeux.

Plus rien ne nous retient dehors et tout nous attire vers l'intérieur.

Prenons conscience de notre respiration. Souple, calme, détendue.

Prenons conscience de notre cuir chevelu, sans tension.

Prenons conscience de la forme de notre visage, également sans tension.

Je vous rappelle qu'en contractant la partie de notre corps, ici le visage, nous ressentons mieux la détente s'y installer après relâchement.

Le front est lisse, les paupières recouvrent avec douceur nos yeux que nous pouvons bouger de droite à gauche, puis de haut en bas. Sans tension.

Prenons conscience de la forme de notre nez, de notre bouche. La langue et les mâchoires sont relâchées, les joues détendues.

C'est ça...

Prenons conscience de la forme de nos oreilles, de notre cou, de notre nuque et de nos épaules. Sans tension.

De la forme de notre bras gauche. De notre coude, de notre avant-bras, de notre poignet, de notre main jusqu'au bout des doigts. Détendus, relâchés.

De la forme de notre bras droit. De notre coude, de notre avant-bras, de notre poignet, de notre main jusqu'au bout des doigts. Détendus, relâchés.

Prenons conscience de la forme de notre buste et de notre ceinture abdominale, sans tension. Laissons-nous bercer par le mouvement de va-et-vient de notre ventre... Comme le flux et reflux d'une mer calme, le rythme de notre respiration est calme, souple, détendu.

C'est ça...

Prise de conscience de la forme de notre dos. Du haut du dos jusqu'au bas de notre dos. Comme l'eau pure qui coule d'une source, laissons couler la détente le long de notre colonne vertébrale.

Et cette détente vient inonder notre bassin, nos muscles fessiers et périnée.

Oui, c'est bien...

Prise de conscience de la forme de notre jambe gauche. De notre cuisse, de notre genou et de l'arrière du genou, de notre mollet, de notre cheville, de notre pied jusqu'au bout des orteils.

Prise de conscience de la forme de notre jambe droite. De notre cuisse, de notre genou et de l'arrière du genou, de notre mollet, de notre cheville, de notre pied jusqu'au bout des orteils.

Prenons conscience de la forme de notre corps tout entier, sans tension.

Prenons conscience de notre espace intérieur.

L'Exercice choisi

Introduisez ici l'exercice choisi (ou les exercices en alternant : exercice, pause, exercice, pause...).

La Pause

Prenons maintenant tout le temps nécessaire pour intégrer ce que nous venons d'expérimenter.

Et pour cela, nous n'avons rien à faire, juste à laisser faire.

La Fin de la séance

Et au moment où cela sera bon pour nous, nous pourrons nous réorienter vers notre réalité d'ici et maintenant, à notre vitesse propre, confortablement, sûrement, ramenant avec nous le bien-être, les apprentissages acquis durant la séance. Et à mesure que ma voix devient progressivement plus forte et plus rapide, nous pouvons bouger un peu notre corps, nous étirer doucement et peut-être même bailler, comme si nous sortions tout juste d'un merveilleux et profond sommeil et rêve. Et nous ouvrirons les yeux en dernier, simplement lorsque nous serons prêts à le faire.

Prêts à rejoindre notre actualité quotidienne en nous sentant bien.

C'est ça... Voilà, à notre rythme. Rien ne presse... *(laissez passer quelques secondes)*.

Maintenant que nous avons retrouvé notre mode habituel de perception, nous pouvons, en quelques mots, écrire ce que nous avons ressenti, vécu, appris, expérimenté pendant cette séance.

Accordons-nous une minute pour mettre en mots cette séance et noter ce qui nous passe par la tête ».

Maintenant que vous avez intégré la démarche, choisissez une ou plusieurs techniques pour votre première séance.

La Relaxation

a) Techniques de respiration.
b) Techniques de contraction corporelle.
c) Techniques de concentration.
d) Techniques de méditation.

La relaxation en quelques mots

Chaque jour, vous accumulez des tensions physiques et psychiques (émotions) qui se traduisent toujours au niveau corporel par des tensions musculaires, articulaires ou respiratoires. Le corps est donc toujours le siège de ces manifestations.

Le lien entre le corps et l'esprit, entre tension physique

et psychique, existe donc bel et bien. En effet, la tension musculaire est toujours accompagnée d'une tension mentale. De même, la tension mentale est toujours accompagnée d'une tension physique.

Ainsi, la montée d'une émotion va-t-elle créer des tensions, lesquelles vont amplifier l'émotion qui, à son tour, va créer d'autres tensions… et ainsi de suite. C'est une réaction en chaîne, un « cercle vicieux ».

Tout l'intérêt est là, car l'inverse aussi est vrai. En relaxation, vous allez utiliser cette réaction en chaîne pour le transformer en « cercle vertueux ».

Le relâchement musculaire induit une détente mentale. Du coup, en modifiant l'état de contraction musculaire, vous pouvez agir sur la tension psychique et, par ricochet, sur les troubles et symptômes qui en découlent. C'est très facile, car c'est quelque chose que vous faites déjà naturellement.

Les exercices que nous allons aborder maintenant ne sont en fait que des techniques d'approfondissement du relâchement naturel que vous pratiquez tous les jours ; par exemple, dans votre sommeil. Le concept de base de la relaxation consiste à obtenir en état d'éveil une détente musculaire proche de celle que l'on expérimente quand on dort.

La relaxation pour quoi faire ?

Elle augmente votre énergie, chasse la fatigue, diminue l'angoisse, l'irritabilité, la déprime et améliore les fonctions organiques (respiration, circulation sanguine), la digestion et le sommeil...

Elle intervient donc aux trois niveaux de l'être : physique (comportemental), mental (esprit), émotionnel (cœur).

Détente physique :

Après la contraction, le muscle n'a qu'une solution, se décontracter, se détendre.

En vous concentrant sur ces contractions et sur votre respiration, vous allez permettre à votre corps entier de se relâcher, de récupérer plus vite et plus efficacement. Cette exploration corporelle est une bonne occasion de reprendre, peu à peu, les commandes de vos systèmes musculaire et nerveux.

Détente mentale :

Peu importe si des pensées envahissent votre esprit : la détente mentale ne consiste en aucun cas à ne pas avoir de pensées. L'important est d'éprouver une agréable sensation de relaxation physique, tout en laissant cette détente gagner peu à peu notre tête. Il suffit pour cela de laisser passer les pensées comme des nuages dans le ciel. Il est probable qu'à ce stade de la relaxation, vous vous retrouviez dans un état proche du sommeil.

Détente émotionnelle :

Comme vous n'êtes pas attaché aux pensées, vous n'êtes pas non plus connecté émotionnellement. Cette déconnexion partielle vous ouvre les portes du bien-être et vous apaise.

Enfin, la relaxation vous conduit vers le « lâcher prise ».

Cet état vous permet de devenir plus performant par le non-attachement, y compris à un objectif. Car plus vous êtes attaché à bien le faire, plus vous êtes contracté, tendu, voire même bloqué.

Attention donc, car si vous voulez trop quelque chose, vous risquez fort d'en bloquer la bonne réalisation...

Vous l'avez compris, pratiquer la relaxation, c'est apprendre à se détendre physiquement, mentalement et émotionnellement. C'est une très bonne stratégie de contrôle de l'anxiété et de gestion des pensées parasites, donc de maîtrise du stress.

Voici quelques techniques pour vous y aider tout en développant votre potentiel énergétique et de concentration.

A -Techniques de Respiration

La respiration en quelques mots

Toute la vie, dit la sagesse zen, *tient entre un inspire et un expire.*

Un autre sage vous dira que s'il faut respirer pour vivre, il est bon de bien respirer pour bien vivre.

Respirer pour quoi faire ?

Bien respirer est un acte tout à fait naturel. Tous les bébés vous le diront... Il suffit de les observer pour s'en rendre compte. L'ex-bébé que vous êtes a perdu ce naturel en cours de chemin (un de plus...). De multiples petits et grands traumatismes se sont inscrits inconsciemment dans la structure de votre respiration par l'installation de tensions. Cela vous fragilise, met en péril votre équilibre physiologique, mental et émotionnel et vous prive, entre autres, d'un massage naturel des organes internes des plus salutaires et d'un outil de régulation de la douleur.

Vous pouvez rester sans manger pendant quelques semaines, vous priver de boire pendant quelques jours, mais vous ne pouvez pas vous passer de respirer plus de quelques minutes. Pourquoi ? La raison est simple : l'air, l'oxygène est votre carburant numéro 1. Sans oxygène, pas de vie. C'est votre principale source d'énergie.

De même que lorsque vous faites le plein de carburant de votre voiture, en respirant bien vous faites « le plein de super ». Avant un long trajet, il ne vous vient pas à l'esprit de partir avec le réservoir de votre véhicule quasiment vide. Pourtant, c'est exactement ce que vous faites tous les jours. Le corps est votre véhicule et vous l'utilisez pour votre long trajet quotidien avec un réservoir quasiment vide faute d'une respiration optimale. Avec votre respiration minimaliste, vous roulez à « l'essence ordinaire », car vous n'utilisez qu'une très faible partie de votre potentiel respiratoire.

Pourtant, avec des techniques simples, vous pouvez augmenter jusqu'à 70% votre potentiel respiratoire, donc jusqu'à 70% votre principale source d'énergie.

Alors, à vous de voir si vous préférez rouler à « l'ordinaire » ou au « super ».

À vous de décider si vous préférez vivre en « apnée ».

Expirer pour quoi faire ?

L'expiration joue un rôle essentiel, car c'est pendant l'expiration que vous vous détendez. Si votre expiration est douce, longue et profonde, l'inspiration viendra naturellement, automatiquement, inconsciemment.

En rejetant l'air lentement, vous poussez sur vos organes (foie, plexus solaire, intestins...), ce qui occasionne un massage naturel des organes internes (siège de l'anxiété notamment).

Avant de boire un nouveau verre, il vous faut vider le premier. Avant d'inspirer, un nouveau volume d'air, il vous faut vider l'air de vos poumons. Plus vous videz vos poumons de l'air vicié chargé de gaz carbonique dont ils sont emplis, plus vous permettez à vos poumons de nettoyer votre corps et d'emmagasiner de l'air chargé d'oxygène, donc d'énergie.

« Changez d'air » en prenant le temps de « souffler ».

Comme la respiration juste ne peut venir que d'une posture juste, nous approfondirons ce point un peu plus loin.

Voici à présent quelques techniques pour vous aider à développer votre potentiel énergétique.

TECHNIQUE N° 1 : « MAIN BASSE » SUR LA BONNE RESPIRATION

1. Placez une main sur votre ventre et l'autre sur votre cage thoracique. Prenez conscience de votre respiration habituelle.

Quelle est la main qui bouge le plus ?

» Si c'est la main placée sur votre ventre, vous avez une respiration dite « basse » ou « abdominale », et vous respirez naturellement, c'est-à-dire « à l'endroit ».

» Si, comme la majorité d'entre nous, c'est la main placée sur votre cage thoracique, vous avez une respiration dite « haute » ou « thoracique » et vous respirez « à l'envers ». En d'autres termes, vous êtes en train de ramer avec le mauvais côté de la rame.

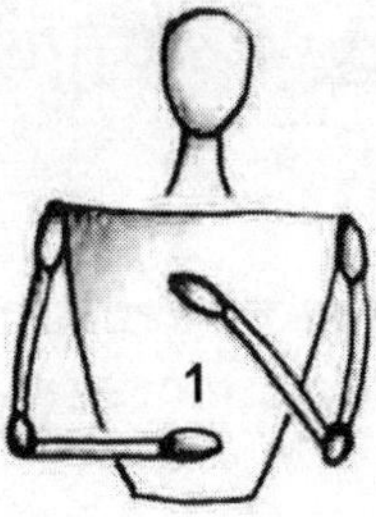

Après avoir fait « main basse » sur votre mode de respiration, ralentissez en douceur votre fréquence respiratoire.

2. Si vous avez déjà une respiration « basse », amplifiez-la.

Si vous avez une respiration « haute », appliquez-vous à l'amener vers une respiration « basse » afin de respirer à l'endroit.

Pour cela :

» Laissez la main sur votre ventre et placez le dos de l'autre main derrière vous.

» Lors de l'expiration, appuyez doucement sur votre ventre avec la main, en soufflant le plus longtemps et avec le plus de douceur possible.

⊳ Contrôlez avec l'autre main que seul votre ventre bouge.

⊳ Une fois « à bout de souffle », automatiquement le ventre va se gonfler, tel le soufflet d'une forge, sur l'inspiration.

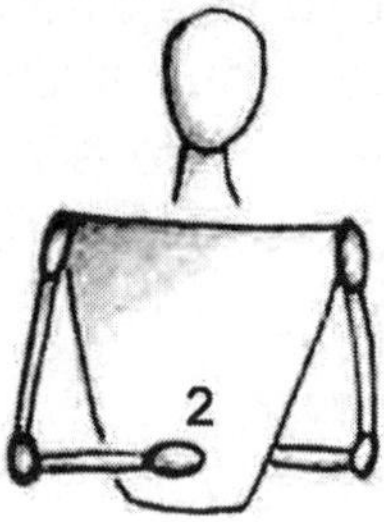

Pratiquez de cette façon pendant quelques minutes en respirant calmement, doucement, sans tension.

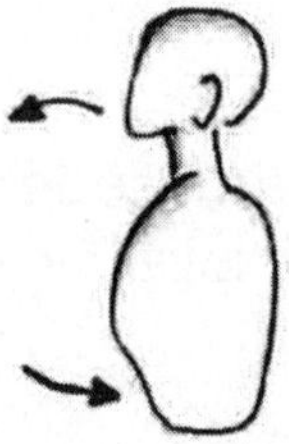
Expiration.

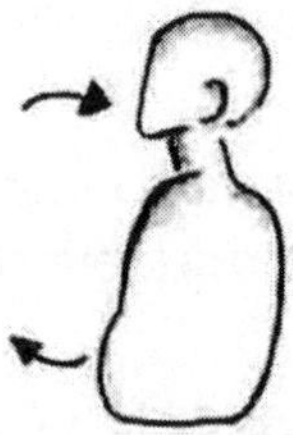
Inspiration.

À la fin de la technique, n'oubliez pas de marquer une pause pour bien percevoir toutes les modifications apportées par ce travail.

Quelques exemples :

⊳ *Lors d'une conversation animée,* vous sentez le stress limitant augmenter jusqu'à risquer de faire dégénérer la relation. Mettez-vous à respirer par le ventre et laissez cette respiration produire son effet calmant.

» *Vous êtes depuis des heures plongé dans votre travail et vous sentez la fatigue vous envahir.* Instaurez la respiration abdominale en vous concentrant sur l'expire : plus vous permettez à votre corps d'éliminer de gaz carbonique, plus vous faites de la place pour accueillir l'oxygène. C'est de « l'énergie en barre » pour « barrer la route au coup de pompe ».

Autre avantage de cette technique, sa discrétion, car seul le ventre bouge.

Remarque :

Avec la respiration « abdominale », vous respirez « à l'endroit ». C'est la base de tous les exercices de ce livre. N'oubliez pas de la mettre en place systématiquement au démarrage de chaque exercice. Vous verrez qu'avec le temps, vous n'aurez plus à y penser, car cela se fera naturellement, au lieu de votre ancien mode respiratoire. Et même s'il semble qu'anatomiquement l'homme ait plus que la femme de facilité naturelle à utiliser ce type de respiration, tous deux peuvent la pratiquer. Ou plutôt, la retrouver...

Variante : Vite, vite... allons doucement.

Vous pouvez approfondir encore davantage votre détente, ou vous calmer plus rapidement, en accélérant votre respiration pendant quelques instants.

» **Attention** cependant à l'hyper ventilation et au risque de perte d'équilibre dû à l'échange gazeux « trop » rapide. Au départ, ne faites pas cet exercice debout, mais plutôt assis ou allongé.

Puis, progressivement, ralentissez votre fréquence respiratoire jusqu'à une respiration calme, douce, sans tension. Cela induira détente et calme.

Technique n° 2 : La machine à laver

1. Assis ou debout, mettez en place votre respiration « abdominale ».

2. Une fois cette respiration installée, inclinez progressivement votre buste vers l'avant sur le rythme de l'expir et imaginez qu'avec l'air expiré, vous rejetiez tous les déchets de votre corps, tout ce qui est sale, vicié, impur, négatif, avec en première ligne le gaz carbonique. N'hésitez pas à procéder comme si vous étiez en train de « vomir » votre dernier repas...

3. Redressez progressivement le buste sur le rythme de l'inspir et imaginez qu'avec l'air absorbé vous absorbez de l'énergie, tout ce qui est propre, sain, pur, positif, avec en première ligne, l'oxygène. N'hésitez pas à procéder comme si vous étiez en train de prendre un grand bol d'air pur à la mer ou à la montagne...

4. Telle une machine à laver naturelle, prenez conscience qu'à chaque inspir et à chaque expir, vous êtes en train de nettoyer, de faire le ménage en grand de votre corps, et ce

jusque dans les moindres recoins...

Continuez pendant quelques minutes.

Rappel : à la fin de la technique, n'oubliez pas de marquer une pause pour bien percevoir toutes les modifications apportées par ce travail.

Un exemple :

Vous sentez que vous êtes en présence d'un « voleur d'énergie », d'un individu qui vient vous polluer par son verbiage aussi incessant qu'inintéressant. Vous n'êtes pas une poubelle ! Arrêtez de le subir et chassez ses vibrations négatives. Isolez-vous et nettoyez, évacuez le négatif de cette situation.

Variante : La croisière s'amuse.

Juste avant l'expiration, vous pouvez imaginer que vous placez le négatif (l'air vicié, mais aussi le négatif de votre journée) sur un bateau et qu'en soufflant dans ses voiles sur l'expire, vous envoyez l'ensemble le plus loin possible de vous.

Puis, juste avant l'inspiration, vous pouvez imaginer que l'inspire va créer un courant d'air si fort qu'il va attirer jusqu'à vous un autre bateau, chargé de positif (l'air pur, mais aussi le positif d'un très bon souvenir, amusant par exemple).

Faites cela plusieurs fois, puis marquez une pause.

Technique n° 3 : Que le calme soit avec toi !

1. Mettez en place votre respiration « abdominale ».

2. Une fois cette respiration installée, sur chaque expir vous allez associer un mot inducteur de lâcher prise, une parole intérieure :

Par exemple : « *Calme* » ou « *Je suis calme* ».

Pour amplifier l'effet, vous pouvez ralentir encore votre respiration et ralentir la prononciation mentale du mot inducteur comme pour l'allonger :

«*Callllllllllllllllme*».

Sur l'inspire, vous n'avez rien d'autre à faire qu'à laisser faire.

3. Après quelques instants, si vous le souhaitez, vous pouvez ajouter un mot inducteur de dynamisme et d'énergie, associé à l'inspir :

« *Dynamisme* » ou « *Je suis dynamique* ».

Laissez-vous bercer par ce va-et-vient comme le flux et reflux de la mer.
Expire = « *je suis calme* » + *Inspire* = « *je suis dynamique* ».

Continuez pendant quelques instants, puis faites une pause pour bien percevoir toutes les modifications apportées par ce travail (rappel).

Un exemple :

Vous avez devant vous une montagne de travail. Pas de panique. Avant de vous jeter dessus, commencez par votre respiration et synchronisez-vous avec le calme. Et comme, pour gravir une montagne, il vous faut une bonne dose de dynamisme, rajoutez-en... (ou rajoutez la qualité dont vous avez besoin...).

Variante : Que cette qualité soit avec toi !

Mentionnez lors de chaque expiration, pour vous-même, le nom d'une qualité à dynamiser.

Par exemple : « *Courage* » ou « *Je suis courageux* ».

Vous renforcez ainsi cette qualité par auto persuasion.

Technique n° 4 : Re-sentez votre respiration

1. Mettez en place votre respiration « abdominale ».

2. Une fois cette respiration installée, ralentissez encore sa fréquence.

Puis, suivez son trajet à l'inspir en commençant par l'air qui entre par le nez, qui passe dans votre trachée, puis dans vos bronches, bronchioles et jusque dans vos alvéoles pulmonaires.

Enfin, suivez son trajet à l'expir en repartant des alvéoles pulmonaires, pour passer dans les bronchioles, les bronches, la trachée et sortir par le nez.

Prenez conscience de l'effet que produit votre respiration et encore mieux conscience de vous-même.

Pratiquez un certain temps, puis faites une pause pour bien percevoir toutes les modifications apportées par ce travail (rappel).

Un exemple

Lors d'un rendez-vous chez le médecin, vous attendez

patiemment votre tour. Comme votre patience a des limites, c'est le bon moment pour pratiquer. Et peut-être qu'en visualisant votre appareil respiratoire, celui-ci aura quelque chose à vous signaler (d'arrêter de fumer par exemple...). Ça tombe bien, vous êtes chez le médecin...

B- Techniques de Contraction Corporelle

La contraction corporelle en quelques mots

Tel le pilote de ligne, vous allez maintenant apprendre à piloter votre corps pour vous prémunir de « l'ouragan stress ». Grâce aux techniques que vous allez apprendre dans ce chapitre, vous allez devenir le commandant de votre système musculaire et ainsi prendre les commandes de vos tensions et de votre détente.

Comment faire ?

Il s'agit d'explorer votre corps en vous concentrant sur ses différentes parties. Vous allez ainsi apprendre à repérer ses tensions et à communiquer avec lui en écoutant ce qu'il a à vous dire.

Vous savez maintenant qu'après s'être contracté, le muscle n'a qu'une solution : se décontracter, se détendre. Le faire se contracter volontairement, en fonction de vos possibilités physiques, va donc vous permettre d'avoir accès à la détente.

Technique n° 5 : Contr-action du corps

1. Mettez en place votre respiration « abdominale ».

2. Une fois cette respiration installée, ralentissez encore sa fréquence. Puis, sur l'inspiration, contractez le plus possible tous les muscles de votre corps en bloquant votre respiration quelques instants.

3. Relâchez d'un coup toutes les tensions sur l'expire et décontractez votre corps.

Pratiquez cette technique trois fois de suite[1] en prenant le temps, sur une respiration normale, de marquer des pauses de quelques secondes entre chaque contraction et décontraction.

Puis comme d'habitude à la fin d'une technique, marquez une dernière pause pour bien percevoir toutes les modifications apportées par ce travail (rappel).

Pendant les pauses, accueillez les sensations qui vous parviennent. Donnez un nom à ces messages : chaleur, picotements, fourmillements, pesanteur...

Vous laissez ainsi à votre corps la possibilité de récupérer et d'enregistrer les effets de la relaxation corporelle et de la détente mentale.

Un exemple

Vous êtes pris dans un embouteillage, vous vous rendez compte que vous allez être en retard et vous sentez le stress limitant commencer à vous envahir. Puisque, en raison de

---

Note 1 : **Pourquoi 3 fois ?**
C'est l'esprit oriental : « 1 fois pour apprendre, 1 fois pour faire, 1 fois pour oublier ».

votre énervement, vous commencez à contracter vos mains sur le volant, ne vous arrêtez pas en si bon chemin : contractez donc tout le reste de votre corps. Une petite contraction vaut mieux qu'un grand choc… et une détente s'en suivra.

TECHNIQUE N° 6 : CONTR-ACTION PROGRESSIVE DU CORPS

1. Mettez en place votre respiration « abdominale ».

2. Une fois cette respiration installée, ralentissez encore sa fréquence.

Puis, contractez le plus possible et progressivement le corps en commençant par les pieds jusqu'à la tête, tout en maintenant la tension au fur et à mesure.

3. Relâchez d'un coup toutes les tensions sur l'expire et décontractez votre corps.

Pratiquez cet exercice trois fois en prenant le temps, sur une respiration normale, de marquer des pauses de quelques secondes entre chaque contraction et décontraction.

Puis comme d'habitude à la fin d'une technique, marquez une dernière pause pour bien percevoir toutes les modifications apportées par ce travail (rappel).

Par exemple

Vous avez rendez-vous pour un entretien d'embauche dans quelques minutes et vous vous sentez perdre vos moyens.

Isolez-vous (aux toilettes par exemple…) et enraillez les effets du stress limitant en pratiquant. Une petite contraction vaut mieux qu'une grosse déception !

Technique n° 7 : Contr-action differentielle du corps

1. Mettez en place votre respiration « abdominale ».

2. Une fois cette respiration installée, ralentissez encore sa fréquence.

Contractez le plus possible, puis décontractez chaque partie de votre corps trois fois de suite en ressentant à chaque décontraction la sensation que cela vous procure. Le reste du corps est détendu. Commencez par le haut, car cela active la motivation et son processus cérébral.

Les pauses se font entre chaque contraction et décontraction d'une partie de votre corps.

N'oubliez pas, comme d'habitude à la fin d'une technique, de marquer une dernière pause pour bien percevoir toutes les modifications apportées par ce travail (rappel).

Par exemple

Contractez, puis décontractez trois fois les muscles du visage, PAUSE, puis trois fois ceux du cou et de la nuque, PAUSE, ceux des épaules, PAUSE, ceux des bras et des mains, PAUSE, ceux du dos, PAUSE, ceux de la poitrine, PAUSE, ceux de la ceinture abdominale, PAUSE, ceux des fessiers, PAUSE, ceux des jambes et des pieds, PAUSE.

Idéal lorsque vous attendez un coup de fil important qui se fait attendre...

Variante

1. Installez votre respiration « abdominale » et ralentissez sa fréquence.

2. Puis, serrez le plus possible l'un de vos poings jusqu'à contracter aussi les muscles de l'avant-bras. Le reste du corps est détendu.

3. Le poing toujours fermé, accueillez les sensations qui vous parviennent. Donnez un nom à ces messages : chaleur, picotements, fourmillements, pesanteur...

4. Comparez ce que vous sentez dans la main et le bras activé avec les sensations dans l'autre membre.

Prenez le temps de remarquer les différences et de donner un nom à ces messages.

Répétez cela trois fois, puis changez de main.

Vous pouvez aussi réaliser cette technique avec d'autres parties de votre corps.

TECHNIQUE N° 8 : PASSER DU NÉGATIF AU POSITIF

1ère phase :

1. Mettez en place votre respiration « abdominale ».

2. Une fois cette respiration installée, ralentissez encore sa fréquence.

Inspirez en contractant tous les muscles de votre corps (sur une échelle de 1 à 10, en fonction de vos possibilités, choisissez le niveau le plus proche de 10) et laissez venir en vous le négatif[1].

3. Expirez en décontractant le corps et en laissant sortir le négatif avec l'expire (expirez avec la même idée que la technique de respiration « la machine à laver »).

Prenez un temps de pause.
Puis recommencez le processus deux fois.

2ème phase :

4. Sur l'inspire, mettez votre corps sous une tension douce qui vous soit agréable (sur une échelle de 1 à 10, choisissez le niveau 2) et recueillez de la positivité[1] en vous.

5. Sur l'expire, vous relâchez toute tension et vous laissez aller sans rien retenir.

Vous n'avez rien d'autre à faire qu'à ressentir ce qui se passe.

Prenez un temps de pause.
Puis recommencez le processus deux fois.

N'oubliez pas, comme d'habitude à la fin d'une technique, de marquer une dernière pause pour bien percevoir toutes les modifications apportées par ce travail (rappel).

Note 1 : La négativité et la positivité s'inscrivent mieux en pensant à quelque chose de concret.
Exemple de négatif : pensez à votre crainte d'affronter votre employeur.
Exemple de positif : pensez à vos meilleures vacances, votre meilleur souvenir.

Par exemple

Il vous arrive de vous lancer dans une corvée, un travail que vous détestez. Puisque vous n'avez pas d'autre solution, pratiquez : neutralisez le négatif (en pensant à cette corvée) et dynamisez votre positivité.

C'est quand même mieux que de faire les choses à contrecœur, car cela crée une sorte de dette que vous aurez, tôt ou tard, envie de faire payer à quelqu'un…

C- Techniques de Concentration

La concentration en quelques mots

Il flotte dans l'air une idée reçue qui dit qu'il faut – à n'importe quel prix – être concentré pour réussir. À propos, c'est fou ce qu'il y a comme choses qui flottent dans l'air…

C'est en partie vrai. La concentration est l'une des clés de la performance, car comment bien faire votre travail si vous avez la tête ailleurs ?

La difficulté vient de ce que la concentration est mal comprise, donc mal utilisée, et par conséquent souvent source de stress limitant. Alors que, bien comprise, donc bien utilisée, la concentration est un très bon outil pour développer le lâcher-prise et pour se placer dans « l'ici et maintenant ».

Qu'est-ce que la concentration ?

C'est la capacité à se centrer, sans crispation, sur l'objet que vous avez choisi.

Pour être concentré sans être crispé, il faut être capable

de jouer avec sa distraction, de faire des aller et retour entre l'objet de votre concentration et votre distraction.

Compliqué et difficile à diriger, l'esprit est agile comme un singe – un « singe fou » en plus – et essayer de le maîtriser en luttant contre lui est impossible. En effet, il est anti-naturel pour le cerveau de fixer son attention sur une seule chose. Comme il n'est pas fait pour cela, vous n'avez d'autre choix que d'accepter de le laisser se comporter selon ses besoins.

En vous crispant sur la concentration, vous tentez de bâillonner ce « singe fou », de l'attacher et de le mettre dans une toute petite cage à oiseaux. Ne faites pas de votre « singe fou » un adversaire. Entraînez-vous plutôt à jouer avec lui pour l'apprivoiser et en faire le meilleur allié de votre concentration.

Comment faire ?

Vous voulez apprendre à vous concentrer pour être encore plus performant ? Parfait. Commencez par apprendre à ne pas l'être.

- Ne restez pas « con-centré » sur un seul sujet si vous n'y parvenez pas.
- Ne cherchez pas à stopper les pensées, car cela aussi c'est penser.
- Acceptez votre distraction, laissez votre « singe fou » s'amuser quelques instants ou plutôt amusez-vous avec lui,

pour revenir ensuite à 100% à votre objet.

Le but est de laisser aller les pensées « comme les nuages passent dans le ciel ».

Il ne sert à rien de vouloir absolument un ciel bleu puisqu'il y a des nuages. Acceptez la distraction des nuages. Jouez avec eux, avec leurs formes, sans les retenir, car en les laissant passer dans le ciel, ils finiront par perdre de leur acuité. Vous pourrez ainsi sans peine revenir à votre objet.

Par exemple

Vous voulez vous concentrer sur votre travail (objet) mais vous n'y parvenez pas, car vous repensez, entre autres, à ce que vous avez vécu le week-end dernier (distraction). La concentration mal utilisée veut que vous vous obstiniez, car IL FAUT être concentré. Et plus vous vous obstinez, plus vous développez du stress limitant, moins vous y parvenez… et ainsi de suite. C'est l'escalade. Bienvenue dans la spirale du « cercle vicieux » qui vous aspire.

La concentration bien utilisée veut que vous acceptiez votre distraction sans lutter contre elle. Puis, vous revenez à votre travail pleinement concentré. Mais voilà que votre distraction revient au galop. Pas de souci, pas de tension : acceptez-la de nouveau et revenez encore une fois à votre travail. Et ainsi de suite…

Vous verrez qu'en procédant ainsi, avec de l'entraînement, vous allez développer un niveau de concentration hors du commun.

Une petite histoire avant de passer à la pratique

Un jour, un mille-pattes se promenait paisiblement dans la forêt.

Passe un singe fou qui demande au mille-pattes :

- Comment fais-tu pour marcher sans difficulté avec un aussi grand nombre de pieds ?

Il n'obtient pas de réponse, mais, depuis ce jour-là, le mille-pattes n'a plus bougé. Couché sur le dos, il réfléchit encore au problème...

Voici quelques techniques pour vous aider à encore mieux développer votre potentiel de concentration.

Technique n° 9 : L'objet neutre

1. Mettez en place votre respiration « abdominale », puis ralentissez encore sa fréquence.

2. Choisissez un objet neutre, sans émotion, qui lui soit attachée.

Par exemple un arbre ou bien une bouteille d'eau en plastique.

3. Faites-vous en une représentation mentale.

- Regardez ce qu'il y a à voir, peut-être sous des angles différents.
- Écoutez ce qu'il y a à entendre.
- Ressentez et sentez ce qu'il y a à ressentir et à sentir.

L'idée est de ne pas vous crisper sur cet objet.

Laissez-vous capter par votre distraction quand surgissent

les pensées.

Laissez aller ces pensées comme les nuages passent dans le ciel, puis revenez à votre objet neutre. Et ainsi de suite...

Prenez le temps de faire le point sur ce que vous avez expérimenté, puis marquez une pause.

Un exemple

Chaque fois que des idées ou des images parasites vous dérangent dans votre quotidien, vous pouvez recourir à une image neutre afin de fixer votre imagination.

TECHNIQUE N° 10 : CONCENTRATION SENSORIELLE

Il existe deux variantes :

Vous pouvez réaliser cette technique les yeux ouverts ou comme d'habitude les yeux fermés :

- Les ***yeux ouverts*** en choisissant des objets de concentration « externes », c'est-à-dire dans le monde qui vous entoure (exemple visuel : la couverture de ce livre).
- Les ***yeux fermés*** en choisissant des objets de concentration « internes », c'est-à-dire issus de votre monde intérieur (exemple visuel : l'image qui vous vient à l'esprit).

Je vous propose d'essayer les deux techniques, puis de choisir celle que vous trouvez la plus facile. Plus tard vous pourrez reprendre celle qui vous paraissait au départ plus difficile et peut-être qu'à force d'entraînement, ce sera devenu un « jeu d'enfant ».

1. Mettez en place votre respiration « abdominale » et ralentissez encore sa fréquence.

2. Choisissez un objet de concentration visuel.

Puis maintenez votre attention dessus le plus longtemps possible.

3. Lorsque la distraction arrive, prenez un objet de concentration auditif :

- *Exemple externe : le bruit du vent.*
- *Exemple interne : le souvenir d'une chanson.*

Puis maintenez votre attention dessus le plus longtemps possible.

4. Lorsque la distraction arrive, prenez un objet de concentration kinesthésique, soit une sensation corporelle :

- *Exemple externe : la température ambiante.*
- *Exemple interne : la sensation de vos épaules.*

Puis, maintenez votre attention le plus longtemps possible dessus.

5. Établissez le « hit-parade » de votre concentration juste pour en prendre conscience.

Quel est le canal sensoriel sur lequel vous pouvez le mieux vous concentrer ?

Quel est celui sur lequel vous pouvez le moins vous concentrer ?

Bien entendu, vous pouvez aussi jouer avec vos sens gustatif et olfactif, par exemple lors de votre prochain repas.

Après avoir pratiqué cette technique, certains d'entre vous vont avoir envie de développer l'un ou l'autre de leurs sens. Rappelez-vous l'idée de base : faites-le sans vous crisper sur cet objectif.

Un exemple

Maintenant que vous connaissez « le hit-parade » de votre concentration, vous pouvez en informer votre entraîneur (si vous êtes sportif), votre professeur (si vous êtes étudiant), votre manager (si vous travaillez), votre formateur (si vous êtes en formation), etc.... Il connaîtra ainsi le canal sur lequel vous pouvez vous concentrer le mieux (et le moins bien...).

Technique n° 11 : Vos sens en action

1. Mettez en place votre respiration « abdominale », puis ralentissez encore sa fréquence.

2. Sélectionnez un seul canal sensoriel par séance afin de prendre le temps de bien l'intégrer.

Canal visuel – la vue :

Portez toute votre attention sur vos yeux, les paupières fermées.

Pour mieux les sentir, bougez vos globes oculaires latéralement, vers le haut et le bas, en rond.

Imaginez ce que vous verriez si vos paupières étaient ouvertes.

Que voyez-vous ?

Est-ce que voir se fait seulement avec les yeux ?

Canal auditif — l'ouïe :

Portez toute votre attention sur vos oreilles.

Visualisez-les à gauche et à droite de votre tête.

Puis écoutez les sons que vous percevez à gauche et ceux que vous percevez à droite.

Puis ceux que vous percevez tout près et ceux que vous percevez au loin.

Qu'entendez-vous ?

Est-ce que vous captez les sons ou bien sont-ce les sons qui vous captent ?

Canal kinesthésique — le toucher :

Portez toute votre attention sur vos mains.

Visualisez votre main gauche et votre main droite.

Puis prenez conscience du toucher en sentant les différents tissus de vos vêtements. En sentant votre peau.

Que sentez-vous ?

Sont-ce vos doigts qui touchent le tissu ou bien sont-ils touchés par lui ?

Canal olfactif — l'odorat :

Portez toute votre attention sur votre nez.

Visualisez-le de face et de profil.

Sentez l'air un peu plus frais à l'inspir qu'à l'expir.

L'air est porteur de senteurs.

Que sentez-vous ?

Est-ce que vous captez les odeurs ou bien sont-ce les odeurs qui vous captent ?

Canal gustatif — le goût :

Portez toute votre attention sur votre bouche.

Visualisez-la en imaginant vos lèvres, votre langue, votre palais, vos dents...

Vous avez en mémoire les composantes du goût : le salé, le sucré, l'acide et l'amer. Revivez-les quelques instants.

Quel goût aurait un aliment si vous ne pouviez le voir, le toucher, le sentir ?

Un exemple

Vous attendez votre tour chez le coiffeur et il y a du retard.

Tant mieux, car c'est l'endroit idéal pour activer vos sens. Vous y êtes enveloppé de couleurs (belles ?...), de musique (douce ?...), d'odeurs (agréables ?...) ; on vous offre une boisson d'accueil (délicieuse ?...), un massage du cuir chevelu au moment du shampoing (ah bon, pas chez votre coiffeur ?...).

Bref, de quoi vous occuper en attendant de vous faire coiffer.

Le temps de vérifier aussi que votre coiffeur vous accueille dans des conditions dignes de vous. N'oubliez pas que vous avez un prix que le commerçant doit être prêt à payer pour vous fidéliser.

À ce propos, si vous ne vivez pas ce rendez-vous beauté comme un rendez-vous détente qui vous « recoiffe le moral » (comme disait J. Dessange), changez de coiffeur !

D- Techniques de méditation

La méditation en quelques mots

« *Méditer c'est seulement s'asseoir, sans but ni esprit de profit* », dit le maître Zen.

Et oui, sans but ni esprit de profit !

Par la pratique de la méditation, ne cherchez pas à atteindre quoi que ce soit. Acceptez ce lâcher-prise.

De vous à moi, rappelez-vous qu'en pratiquant, il en reste toujours quelque chose. Alors en pratiquant quelque chose de bon pour vous...

Avant de passer à la pratique ...

... Suite de notre petite histoire

Notre mille-pattes, toujours sur le dos, demande assistance à une grenouille qui passe par là.

« Oui, je « crouâc » que je peux t'aider, lui croasse-t-elle. Commence par t'asseoir. Concentre-toi sur ta respiration et sur ta posture. Tu sais que le singe fou surgira de nouveau. C'est inévitable... »

Tu ne peux pas empêcher le fleuve de couler. C'est inévitable... Lorsqu'il arrivera, laisse-le faire son numéro sans prêter davantage attention à lui. Ne lutte pas contre lui. Ne nage pas à contre-courant. Tu verras, il aime qu'on s'intéresse à lui et déteste qu'on l'ignore. Susceptible au plus haut point, je ne lui donne pas dix minutes pour trouver une autre victime ».

Et il en fut comme la grenouille l'avait prédit.

Aujourd'hui, notre mille-pattes est le plus rapide mille-pattes du monde...

Comment faire ?

- Commencez simplement par vous asseoir en posture juste (voir ci-après).
- Concentrez-vous sur la tenue du corps et la respiration. Parfaitement concentré là-dessus, comme vous avez appris à le faire, vous oubliez le reste. L'esprit est vide. Il ne s'attache à aucune chose, à aucune pensée.
- Il y a un petit temps entre votre pensée n°1 et votre pensée n°2, allongez-le. Car si vous êtes vide, vous pouvez contenir l'univers tout entier. Rempli de formations mentales, vous ne pouvez rien contenir de plus. Seule la main vide et ouverte peut recevoir. Si votre esprit est libre, tout est libre autour de vous.

Revenez sans cesse sur votre expiration, lente et longue. Ainsi, la pensée consciente s'arrête d'elle-même et l'inconscient peut s'éveiller. Laissez faire l'inconscient, car c'est la véritable méditation.

Pratiquer régulièrement (voir quotidiennement) est très efficace pour l'élargissement de votre conscience et le développement de votre intuition.

Autre exemple

Vous rentrez épuisé d'une longue journée de travail, mais ce n'est pas terminé, car il vous reste un long trajet en bus à faire jusque chez vous. Profitez-en pour arriver relaxé, disponible pour votre famille ou simplement pour vous-même.

Comme il n'est pas toujours facile de mettre en place la posture juste de méditation dans ces conditions, adaptez-la aux conditions qui vous entourent.

Prenez la posture la plus juste possible, conservez l'état d'esprit qui convient et pratiquez la respiration. Une belle occasion de travailler le lâcher prise…

Petite remarque : assurez-vous de mettre en sécurité vos objets de valeur (sac à main, par exemple). Vos yeux étant fermés, vous pourriez attirer ceux de la convoitise.

Technique n° 12 : La posture juste de méditation

« Posture juste » signifie : sans tension, souple, droite, fière, noble mais humble.

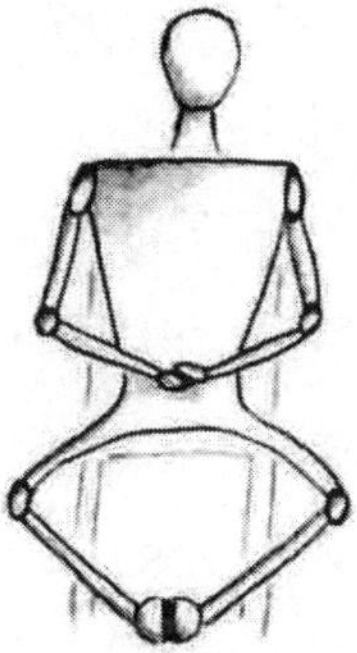

Posture juste.

1. Asseyez-vous sur le bord de votre chaise.

Mettez en place votre respiration « abdominale » et ralentissez sa fréquence.

2. Commencez par placer votre bassin en le basculant doucement vers l'avant sans créer de tension au niveau des muscles lombaires. Procédez par petites bascules douces pour trouver le bon angle, la bonne position.

3. Posez sur le sol vos pieds que vous joignez par la voûte plantaire.

Ces points (pieds et coccyx) assurent la stabilité de la posture

4. Votre axe, la colonne vertébrale se redresse, le dos est droit.

Vous pouvez pousser le sommet du crâne vers le ciel comme pour le toucher.

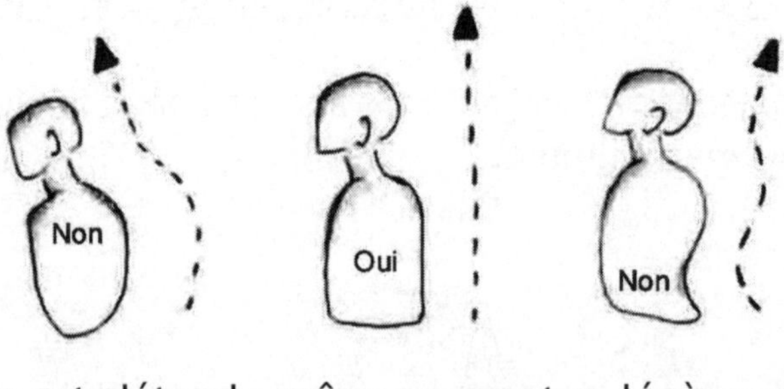

5. Le cou est détendu grâce au menton légèrement rentré vers l'intérieur.

6. Une fois en position, posez vos poings fermés (en serrant le

pouce à l'intérieur) sur les cuisses près des genoux.

Puis balancez le dos bien droit, de gauche à droite, sept ou huit fois en réduisant peu à peu le mouvement jusqu'à trouver la verticale d'équilibre.

7. Posez la main gauche dans la main droite, paumes dirigées vers le ciel, contre l'abdomen.

Vous pouvez également, c'est facultatif, mettre vos pouces en contact par leur extrémité, maintenus horizontaux par une légère tension.

8. Les épaules tombent naturellement, rejetées en arrière, mais sans tension.

9. Détendez votre ventre pour laisser le souffle de la respiration abdominale faire son travail. La respiration est douce, souple, sans tension.

Faites quelques petits ajustements, si nécessaire, tout au long de l'exercice.

10. Comme à la fin de toute pratique, prenez le temps de faire une pause (rappel). Prenez quelques respirations amples, bougez un peu votre corps et progressivement, reconnectez-vous à l'actualité de votre quotidien.

Remarque

Bien équilibré, vous pouvez garder longtemps cette posture. Mais une pratique trop longue au départ peut vite devenir un handicap, une contrainte.

La méditation ne doit pas être un effort. À la fin de la

séance, vous devez vous sentir bien, calme, reposé, sans tension.

Laissez-vous le temps d'assimiler naturellement et progressivement sa pratique.

Aussi, mieux vaut ne conserver cette posture que quelques minutes par séance les premiers temps. Vous pourrez par la suite en allonger la durée à votre convenance.

Technique n° 13 : La posture de méditation zen

Reprenez les mêmes consignes que précédemment pour la posture juste en tenant compte des indications données ci-dessous.

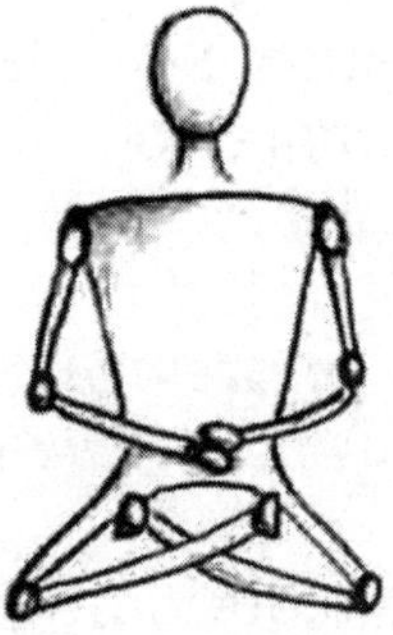

Posture méditation Zen.

Autre posture

Dans la mesure du possible, utilisez un zafu (coussin rond spécialement conçu pour la méditation). Sinon, prenez un simple coussin assez épais.

Assis au centre du zafu, croisez les jambes – si possible en lotus (les deux pieds sur les cuisses) ou en demi-lotus.

L'important est d'appuyer fortement sur le sol avec les

genoux.

Cette fois, ce sont les genoux et le coccyx qui assurent la stabilité de la posture.

Le regard se pose en douceur à environ un mètre devant vous. Il est en fait porté vers l'intérieur et les yeux, mi-clos, ne regardent rien.

« La méthode n'est qu'un moyen et non la méditation elle-même ».

RINPOCHE

Vous avez en mains la méthode.

À vous de jouer, à vous d'expérimenter la méditation...

L'Entraînement Mental

Retournez cette image et voyez combien « ça roule » après un bon entrainement...

L'entraînement mental en quelques mots

Quelques mesures simples, associées à des séances de relaxation, suffiront la plupart du temps à la traversée d'un cap difficile. Mais parfois, il faut également travailler sur ses formations mentales.

Vous entrez ici dans le domaine de la « préparation mentale », utilisée notamment par les sportifs de haut niveau.

« *À l'origine de toute action, il y a une pensée* », disait Emerson.

Si cette pensée est totalement adaptée à l'action, tout

va bien. Dans le cas contraire, parasité par le stress limitant, vous n'utilisez qu'une partie de vos capacités et vous risquez l'échec.

Vous allez donc ici vous intéresser à l'esprit pour calmer le corps. Grâce à un travail sur la structure de vos processus mentaux, vous allez apprendre à gérer vos actions, vos gestes et vos comportements. Vous prenez « la direction » de votre réussite. En utilisant la relaxation et ces techniques de préparation mentale, vous vous préparez un futur positif.

Dans ce but, vous allez apprendre à utiliser les techniques suivantes :

a) Techniques d'ancrage de ressource.
b) Techniques d'imagerie mentale.
c) Techniques de visualisation.
d) Techniques de dissociation.

A- Techniques d'Ancrage de Ressource

L'ancrage en quelques mots

Avez-vous remarqué combien il est facile de passer d'un état intérieur à un autre, d'une émotion à une autre ?

- Joyeux, vous plaisantez avec vos amis, mais il vous suffit de regarder la photo d'un être cher, disparu depuis peu, pour plonger dans la tristesse.
- Calme, vous êtes concentré sur votre travail et il vous suffit d'entendre LA chanson sur laquelle vous avez rencontré l'amour pour ressentir l'excitation de la première rencontre.

» Énervé, vous marchez dans la rue d'un pas pressé et il vous suffit de sentir l'odeur d'une madeleine (de Proust) pour vous souvenir du goût des bons gâteaux de votre grand-mère, de leur douceur et de la sienne..., pour vous connecter avec vos souvenirs d'enfance et une douce nostalgie.

Tout cela est un processus naturel orchestré par votre cerveau. Deux éléments peuvent se connecter l'un à l'autre engendrant un état intérieur. La madeleine et votre grand-mère sont connectées. L'odeur de la madeleine, le « déclencheur », active cette connexion et déclenche l'état intérieur lié (nostalgie).

L'état intérieur est le produit de vos pensées, de vos émotions et vous en possédez un stock impressionnant (si, si... la vie n'est pas que rose ou noire... Il y a aussi les autres couleurs !). D'autre part, vous avez vu combien il est changeant. Le problème est qu'il peut vous rendre vulnérable, en proie à une émotion qui ne soit pas la bienvenue à un moment donné.

» Il devient limitant si, par exemple, vous oubliez votre travail en écoutant LA chanson.

» Il devient limitant si vous vous mettez à douter juste avant une compétition.

Avec un état interne limitant.

Il peut bien entendu aussi être aidant.

Un état intérieur de calme avant et pendant une compétition est aidant. Mais ce n'est sans doute pas suffisant pour gagner. Peut-être faut-il y rajouter la concentration, la confiance et la combativité. Ainsi, vous pouvez « empiler » les états intérieurs pour produire de la réussite.

Ancrez l'état intérieur de la concentration, puis celui de la confiance... comme vous empilez des assiettes, car ainsi rangées, elles sont plus faciles à transporter.

Vous pouvez surtout, et c'est là l'intérêt, connecter deux éléments pour engendrer un état intérieur particulier. C'est ce que vous allez apprendre maintenant.

Ainsi, en situation, instantanément et lorsque vous le voudrez, il vous suffira d'activer le « déclencheur » pour retrouver l'état intérieur qui convient.

Comment ? Tout simplement en utilisant ce processus naturel présenté ici. C'est aussi naturel et simple que d'allumer la lumière en appuyant sur l'interrupteur, du moins si l'installation électrique est bien faite.

Avec un état interne aidant.

Dessins réalisés avec la complicité d'Alex.

Et avant de passer à la pratique...

... Suite de notre petite histoire

Notre mille-pattes, encore lui, se fait du souci.

Comme il marche très vite, plus rapide mille-pattes du monde oblige, il use trop ses chaussures. Il doit en changer au plus vite... vite, vite... toujours plus vite...

Et cela l'inquiète beaucoup, car où trouver 1000 chaussures ?

- Je « crouâc » que je peux t'aider, lui dit la grenouille, étrangement toujours là quand il faut. De quoi as-tu besoin pour trouver 1000 chaussures ? lui demande-t-elle.

- D'être moins inquiet, car je pourrai ainsi mieux réfléchir.

- Et pour être moins inquiet, de quoi as-tu besoin ?

- D'être calme. Oh ! Oui... calme comme quand je médite...

- Très bien, retrouve ce calme de la méditation et quand tu l'as, attrape-le dans ta main. Ainsi, lorsque tu en auras besoin, il sera là, dans ta main.

- C'est tout ?

- C'est tout».

Et il en fut comme la grenouille l'avait prédit.

Notre mille-pattes trouva ses 1000 nouvelles chaussures et il est toujours le plus rapide mille-pattes du monde.

Technique n° 14 : L'ancrage portatif de ressources

Cette technique vous permet de disposer, en cas de besoin, de l'état intérieur désiré et cela à portée de main.

1. Choisissez

Choisissez l'état intérieur ressource qui correspond à la situation.

Exemple : être calme.

Puis, posez-vous la question suivante :

- Y a-t-il un inconvénient à mettre en place cet état intérieur ?

(Inconvénient pour vous ou pour les autres).

Si oui, trouvez-en un autre qui soit mieux adapté.

Si non, posez-vous la question suivante :

- Et s'il n'y avait qu'un seul inconvénient, ce serait lequel ?

2. Respirez

Une fois l'état idéal choisi, mettez en place votre respiration « abdominale », puis ralentissez-en encore la fréquence.

3. Revivez

Trouvez un moyen d'entrer dans l'état intérieur adéquat.

Pour cela, vous pouvez revivre le moment où vous avez expérimenté cet état (voir visualisation associée).

Exemple :

Revivez une séance de relaxation durant laquelle vous vous êtes senti calme, exactement comme vous le voudriez maintenant.

4. Ancrez

Lorsque vous êtes en contact avec l'état intérieur désiré

et que son intensité est presque à son maximum, ancrez-le en fermant l'une de vos mains quelques secondes.

C'est ce poing qui devient l'ancre portative, le « déclencheur ».

Répétez l'expérience trois fois.

5. Testez

Vérifiez votre ancre en contractant votre poing.

Vous devez ré-expérimenter facilement l'état intérieur ressource.

Sinon, reprenez l'étape 4.

Et voilà !

Chaque fois que vous désirerez entrer à nouveau dans cet état, il vous suffira de fermer le poing pour l'expérimenter automatiquement.

Un exemple

Vous passez votre permis de conduire dans quelques jours.

Vous savez que votre conduite est parfaite, mais le stress limitant risque de vous faire paniquer, avec risque d'échec. Vous avez besoin de calme, mais aussi de vigilance.

Il vous suffit d'ancrer d'abord l'état intérieur ressource de calme, puis « d'empiler » l'état intérieur de vigilance dans votre poing. La simple action de fermer le poing vous connectera directement avec vos ancres portatives de ressources.

A vous le calme et la vigilance, à vous le permis de conduire. Point final !

Variante

Vous venez d'apprendre à poser une ancre kinesthésique (le poing), car c'est le « déclencheur » le plus simple à mettre en place.

Vous pouvez bien entendu choisir une autre partie du corps ou un geste particulier (toucher une médaille autour de votre cou, par exemple).

Plus discret, vous pouvez également utiliser le canal visuel pour créer une ancre visuelle (une image mentale construite ou la photo d'un souvenir) ou bien le canal auditif (un mot, une expression prononcée mentalement ou à voix haute).

Expérimentez et vous découvrirez rapidement quel canal vous est le mieux adapté.

Pensez aussi à choisir le bon « déclencheur ». Pour reprendre l'exemple ci-dessus, fermer les yeux ou croiser les bras n'est pas vraiment recommandé pour passer son permis de conduire !

Alors que fermer le poing, sur le volant par exemple, semble mieux adapté.

Remarque

N'oubliez pas d'utiliser votre ancre, car moins vous vous en servez, plus elle s'use, c'est-à-dire plus elle perd de son efficacité. Et inversement.

C'est comme la batterie de votre voiture qui ne peut se recharger et finit par mettre hors service votre véhicule si vous ne roulez jamais.

Aussi, dès que vous expérimentez l'état intérieur dans votre quotidien, réactivez l'ancre : vous rechargez ainsi la batterie.

Vous le savez maintenant : vous pouvez trouver l'état intérieur ressource dans le présent. Dès qu'il se manifeste, il vous suffit d'activer l'ancre choisie. Mais votre stock peut aussi se trouver dans le passé et dans le futur.

Dans le passé en revivant comme si vous y étiez le souvenir d'un moment où vous aviez expérimenté intensément l'état recherché.

Dans le futur, car le cerveau ne fait pas vraiment la différence entre le réel et l'imaginaire. Projetez-vous mentalement dans le futur et imaginez comment vous vous sentiriez si vous viviez cet état. Vivez-le et au moment où les sensations sont présentes, ancrez-le.

TECHNIQUE N° 15 : L'ANCRAGE RELAIS DE RESSOURCES

Ce n'est pas qu'une ancre dans la main soit encombrante, mais quand même : il faut penser à l'activer pour qu'elle fonctionne.

Cette autre technique permet d'ancrer un état ressource à un contexte.

Le contexte doit être connu. C'est-à-dire que vous devez

posséder suffisamment d'informations (où, quand, avec qui...). Si le contexte n'est pas suffisamment précis, tout n'est pas perdu, car il vous reste l'ancre portative.

1. Déterminez le contexte dans lequel vous avez besoin d'un état ressource.

2. Procédez de la même manière que pour poser une ancre portative (voir technique précédente) jusqu'au test (étape 5 de la technique précédente).

3. Une fois l'ancre testée, stimulez et maintenez l'ancre activée quelques secondes en vivant le contexte dans lequel vous souhaitez utiliser l'état intérieur en question.

Restez bien en contact avec cet état pendant tout le temps de l'expérience, car c'est à ce moment précis que la connexion se produit.

Cessez de stimuler l'ancre, puis reprenez cette étape deux fois.

4. Testez en vivant à nouveau la même scène, mais sans activer l'ancre.

Le contexte lui-même est devenu l'ancre qui stimule l'état ressource.

Vous avez ainsi créé un lien entre le contexte et l'état ressource désiré.

Un « pont vers le futur » est créé.

Si tel n'est pas le cas, reprenez le processus à l'étape 3.

Si cela ne suffit pas, reprenez-le du début.

Et voilà !

Un exemple

Vous devez aborder avec votre conjoint un sujet très épineux.

Pour que tout se passe bien, vous savez qu'il vous faut rester calme et ne pas « piquer une crise ».

Activez votre ancre portative et connectez-vous avec le calme.

Puis projetez-vous mentalement dans la situation et vivez-la comme si vous y étiez, tout en restant connecté au calme.

Imaginez où la discussion va avoir lieu, à quel moment de la journée, si une autre personne sera présente... et tout ce qui ajoute au réalisme de la situation.

Recommencez plusieurs fois, puis testez pour vérifier votre calme dès que vous pensez à la situation.

Remarque

« *Ne pas prévoir, c'est déjà gémir* », disait Léonard de VINCI.

Mieux vaut prévoir les éventuels changements de contexte (le lieu est changé, il y a plus de monde que prévu, il pleut et l'activité doit se passer dehors...).

Aussi, établissez plusieurs ponts vers le futur. En effet, mieux vaut relier une île de plusieurs ponts, car si l'un est inutilisable, les autres pourront toujours le remplacer. C'est un peu comme porter un pantalon avec ceinture et bretelles : au moins, vous êtes sûr de ne pas le perdre.

Pour cela, réalisez autant de nouveaux ancrages que de nouveaux contextes possibles. C'est tout bénéfice, car si chaque pont fonctionne, cela donne encore plus de force à l'état intérieur.

B-Techniques d'Imagerie Mentale

L'imagerie mentale en quelques mots

Vous vous faites une représentation mentale imaginaire de votre futur que vous élaborez en puisant dans votre vécu. C'est cette représentation de l'événement à venir et de ses conséquences qui risque de déclencher du stress limitant.

Souvent, il s'agit d'une image mentale, c'est-à-dire que vous vous faites une représentation mentale imagée du futur :

« *Imaginer cette salle remplie de gens me fait froid dans le dos...* ».

Parfois, il s'agit d'un dialogue intérieur, c'est-à-dire que vous vous parlez à vous-même (dans votre tête ou à voix haute) :

« *Je vais échouer... c'est sûr...* ».

Comme l'ancrage de ressource (déjà étudié), l'image mentale et le dialogue intérieur sont connectés à un état intérieur qui influence votre comportement. Si cet état n'est pas approprié, vous risquez l'échec.

Comme toutes ces stratégies mentales sont imaginaires, c'est en modifiant l'image ou le dialogue intérieur que vous allez pouvoir changer l'état limitant et le transformer en un état aidant.

Technique n° 16 : Les submodalités

La plupart du temps, modifier une composante de l'image mentale ou du dialogue intérieur modifie l'état interne et, du coup, le comportement.

Vous allez voir combien un petit détail peut parfois générer un grand changement.

Pour modifier le film de votre vie, vous allez maintenant devenir « directeur de la photo » et « ingénieur du son ».

Silence, ça tourne, action !

L'image mentale

Ici, vous n'allez pas changer le contenu de l'image, mais ses composantes.

Vous êtes « directeur de la photo » et vous pouvez agir sur l'image à volonté.

Un exemple

L'animation d'une réunion est le contexte.

Voici votre représentation imagée : des participants très grands et vous tout petit.

Commencez par diminuer mentalement leur taille et allonger la vôtre. Si cela ne suffit pas, mettez un peu d'ombre et de flou sur l'auditoire ou éloignez-le de vous.

Vous plus grand et eux plus petits, moins nets, votre point de vue change (votre état intérieur et votre comportement aussi…).

Votre auditoire est devenu moins présent, moins inhibant.

Ou, plus rigolo, mettez mentalement un peu de rouge sur le nez de votre employeur… Avec l'allure d'un clown, reconnaissez qu'il perd de son autorité inhibitrice !

Comment faire ?

1. Bien entendu, fermez les yeux, puis mettez en place votre respiration « abdominale » en ralentissant encore sa fréquence.

2. Déterminez le contexte et laissez venir à vous son image mentale.

3. Identifiez les submodalités visuelles de cette image en répondant aux questions suivantes :
Mon image est-elle :

- une image ou un film ?
- cadré ou panoramique ?
- en deux ou en trois dimensions ?
- grande ou petite ?
- proche ou éloignée ?
- située à votre droite ou à votre gauche ? en haut ou en bas ?
- située devant ou derrière vous ?
- en noir et blanc ou en couleur ?
- nette ou floue ?
- sombre ou lumineuse ?
- brillante ou mate ?
- êtes-vous associé ou pas à l'image ?...

4. Effectuez des modifications par touches successives.

Comme on essaie un vêtement avant de l'acheter, submodalité par submodalité, essayez-les pour ressentir à chaque fois si l'état intérieur change.

Faites cela jusqu'à trouver la submodalité qui produit un effet significatif sur votre état. Il est possible, comme dans l'exemple, de jouer sur plusieurs modalités.

5. Testez l'efficacité de la nouvelle image en vous projetant mentalement dans le futur. Vous mettez ainsi en place un pont vers le futur (même processus que pour les techniques d'ancrage de ressource).

Le dialogue intérieur

Ici, vous n'allez pas changer le contenu du dialogue, mais ses composantes.

Vous êtes « ingénieur du son » et vous pouvez agir à volonté, comme avec une table de mixage (ou plus simplement comme avec la commande de votre magnétophone).

Un exemple

Le passage d'un examen est le contexte.

Votre dialogue intérieur est « je suis trop nerveux ».

- Commencez mentalement par ralentir le rythme et par baisser le son de votre petite voix intérieure. « Je suis trop nerveux » pensé très lentement et faiblement, le dialogue intérieur perd beaucoup de son sens, de même que l'état intérieur limitant, et la place devenue vacante est prise par un état aidant, par exemple de calme.
- Ou, plus rigolo, mettez une voix comique sur votre dialogue intérieur, histoire de dédramatiser...

Remarque

Si je vous demande de fermer les yeux et d'imaginer

mentalement ceci :

« *Ne voyez pas une pomme verte dans une assiette blanche* ».

Vous avez sans doute vu la pomme ou l'assiette ou même les deux. Je vous ai demandé de ne pas voir et pourtant, vous avez vu. C'est normal, car le « cerveau » n'entend pas la négation.

Ainsi, si vous utilisez une tournure de phrase avec une négation du type :

« *N'aie pas peur* » ou « *Ne tombe pas* »

il est fort probable qu'à ce moment précis vous ne ressentiez pas un état de sérénité. Au contraire, vous amplifiez la peur et les risques de tomber.

L'utilisation de tournure de phrase positive est la solution. Par exemple :

« *Sois confiant* » ou « *Garde ton équilibre* ».

Comment faire ?

Suivez la même procédure que pour l'image mentale, mais en vous posant les questions suivantes, pour découvrir les submodalités auditives :

Mon dialogue intérieur est-il :

- lent ou rapide ?
- fort ou faible ?
- continu ou discontinu ?
- proche ou éloigné ?
- régulier ou saccadé ?
- articulé ou brouillé ?
- grave ou aigu ?
- intérieur ou extérieur ?...

Variante

Parfois, il n'y a ni image mentale, ni dialogue intérieur, mais il y a toujours un état. Vous pouvez travailler sur lui de la même manière en vous posant les questions suivantes pour découvrir les submodalités kinesthésiques :

Mon état intérieur est-il :

- tendu ou détendu ?
- lourd ou léger ?
- chaud ou froid ?
- tonique ou mou ?
- humide ou sec ?
- ma respiration est-elle lente ou rapide ?
- ma fréquence cardiaque est-elle lente ou rapide ?...

Technique n° 17 : Passer du doute à la certitude

Vous avez vu combien un petit détail peut parfois apporter un grand changement. Vous allez utiliser à présent les submodalités pour changer un doute (léger ou petit, pas quelque chose d'existentiel...) en certitude de réussir.

Pour cela, vous allez utiliser les submodalités d'une expérience réussie et les installer dans la représentation de l'objectif[1] à atteindre.

Comment faire ?

1. Clarifiez votre objectif avec le tableau « plan d'action ».

Note 1 : Rappelez-vous qu'un objectif doit toujours être clarifié. Pour cela, reprenez la même procédure que lorsque vous avez clarifié vos 4 objectifs de changement (voir le plan d'action).

2. Fermez les yeux, puis mettez en place votre respiration « abdominale » en ralentissant encore sa fréquence.

3. Trouvez les submodalités de la représentation de cet objectif.

En recherchant les submodalités visuelles, auditives et/ou kinesthésiques par le questionnement que vous avez déjà utilisé (voir les submodalités).

4. Trouvez une expérience de référence dans laquelle vous avez déjà atteint votre objectif (ou que vous êtes sûr d'atteindre si c'est une expérience future).

5. Trouvez les submodalités de cette expérience.

Même questionnement que pour l'étape 2.

6. Changez les submodalités de la représentation de votre objectif touche par touche en y installant les submodalités de l'expérience où vous avez déjà réussi (ou allez réussir).

7. Testez l'efficacité de la nouvelle représentation en vous projetant mentalement dans le futur. Vous mettez ainsi en place un pont vers le futur.

C-Techniques de Visualisation

La visualisation en quelques mots

Le « cerveau » ne fait pas vraiment la différence entre le réel et l'imaginaire.

En partant de ce principe et grâce aux techniques de visualisation, vous allez vous préparer un futur positif en remplaçant une stratégie d'échec par une logique positive.

Quelques exemples

- Le manager, en le visualisant, se rend compte que l'organisation de son séminaire est totalement à revoir....
- Le sportif qui avait prévu de concourir avec un état intérieur de « calme » se rend compte par la visualisation de sa compétition que ce n'est pas le bon état...

Sans ce travail préalable, ils couraient tous les deux à l'échec.

En fait, vous allez pouvoir répéter « à blanc » (car mentalement) une situation future, renforçant ainsi votre efficacité tout en réduisant votre stress limitant.

Par exemple, le sportif va pouvoir, dans un fauteuil et par la visualisation, travailler un geste technique, reconnaître le terrain ou le parcours, installer des sensations sans avoir à être sur le terrain. La situation future n'est plus vraiment inconnue, ce qui réduit la peur de l'inconnu et le stress limitant qui l'accompagne.

Bien entendu, rien ne remplaçant la pratique, la visualisation vient renforcer l'entraînement sur le terrain et non s'y substituer.

Enfin, la visualisation permet aussi d'alimenter la motivation par l'impatience « hyper kinésique ». En effet, à force de mentaliser un mouvement, le « cerveau » finit par réclamer sa concrétisation, sa réalisation physique.

À l'inverse, même si la dépense d'influx nerveux et physique est bien moindre que celle produite par une pratique réelle, trop visualiser, trop penser (par exemple sans être dissocié[1]) à une compétition peut induire une fatigue intense.

C'est comme faire et refaire plusieurs fois la même compétition. La contre-performance pour cause de surentraînement mental existe.

Vous apprendrez, au chapitre suivant, comment vous dissocier pour vivre l'événement avec plus de recul, donc plus sereinement, sans vider vos batteries.

Comme pour tout, entre jeûner et se gaver comme une oie, il y a de la place pour manger à sa faim.

Assis dans votre fauteuil, mentalement vous allez maintenant visualiser une action comme si vous y étiez. Pour modifier le film de votre vie, vous allez devenir « doublure lumière », celui qui teste pour la star, c'est-à-dire pour vous !

Silence, ça tourne, action – « pour de faux » !

Technique n° 18 : Visualisation associée

1. Déterminez le contexte (où, quand, avec qui, dans quelles circonstances…) et la manière dont vous souhaitez le vivre.

Note 1 : voir page 158 : Techniques de dissociation

2. Bien entendu, fermez les yeux, puis mettez en place votre respiration « abdominale » en ralentissant encore sa fréquence.

3. Lancez la visualisation. Imaginez-vous évoluant dans le contexte comme vous souhaitez le vivre dans le futur.

Voyez ce qu'il y a à voir, entendez ce qu'il y a à entendre et ressentez ce qu'il y a à ressentir.

Un exemple

L'animation d'un séminaire est le contexte.

Vous avez besoin de maîtriser parfaitement son déroulement.

- Fermez les yeux, puis mettez en place votre respiration « abdominale ».
- Mentalement, regardez autour de vous et créez ainsi le cadre visuel de votre visualisation : quel est l'environnement (dehors, à l'intérieur...), quand a lieu le séminaire (le matin, le soir...), qui sont les participants (combien...), etc....
- Mentalement, prenez conscience de ce que vous entendez et de ce que vous ressentez (sensations, état intérieur).
- Puis entrez dans le film.

Entraînez-vous à jouer votre rôle pour expérimenter ce qu'il y a à expérimenter...

Vous pouvez pratiquer cet exercice plusieurs fois en apprenant à le faire d'une manière dissociée (voir chapitre suivant) afin de ne pas user votre influx nerveux par trop d'implication émotionnelle.

Variante

Pour que ce soit encore plus « vrai », vous pouvez vivre cette technique :

- En y rajoutant les gestes correspondant à l'action que vous visualisez.
- En indiquant simplement le sens du mouvement ou en faisant le mouvement dans son intégralité, à vitesse réelle ou au ralenti, avec des arrêts sur image.

Il s'agit ici de visualiser les gestes qui vont accompagner les idées clés de votre discours ou un geste technique pour un sportif.

D'autre part, il peut être très constructif de pouvoir visualiser le contexte réel (en ayant au préalable visité la salle de séminaire ou le stade, par exemple) afin de rendre vos points de repères extérieurs encore plus vrais, de mieux imaginer vos actions, etc....

Enfin, n'oubliez pas que les modifications de dernière minute sont toujours possibles. Aussi, « pré-voyez » plusieurs scénarios.

Notez en passant que la communication n'est pas que verbale.

Nous communiquons à trois niveaux : verbal (structure du discours, mots), para-verbal (voix, rythme, volume, débit, timbre) et non-verbal (posture, geste, mimique, respiration). Ce sont les paroles, la musique et la danse.

Les études de spécialistes ont montré que le sens des mots compte pour 7%, l'intonation pour 38%, la gestuelle pour 55%. Le para-verbal et le non-verbal donnent la force au discours.

Que serait une comédie musicale sans musique et sans danse ?...

Technique n° 19 : Boostez votre moral

Par exemple

Votre moral n'est pas au beau fixe ?

Vous avez besoin d'un coup de booster ?

À défaut de ne pas vouloir ou pouvoir faire ce que vous aimez, visualisez-le.

1. Fermez les yeux, puis mettez en place votre respiration « abdominale » en ralentissant encore sa fréquence.

2. Évoquez ce que vous aimez faire concrètement et qui vous procure un réel plaisir (attention, cela ne concerne pas seulement ce que vous aimez ou qui vous aimez ; c'est, par exemple : j'aime faire du tennis, j'aime faire la cuisine...).

3. Voyez ce qu'il y a à voir, entendez ce qu'il y a à entendre et ressentez ce qu'il y a à ressentir.

Profitez des bienfaits de cette visualisation et accueillez-en les bénéfices.

Comme toujours, n'oubliez pas de faire une pause.

Technique n° 20 : Acceptation progressive

Cette technique va vous permettre d'accepter progressivement votre avenir d'une manière positive.

Un exemple

Vous n'avez pas « digéré » la perte de votre travail et, bourré de stress, vous ne savez pas par où commencer pour en trouver un nouveau ?

Une longue liste d'actes à poser vous attend et vous vous sentez découragé, désarmé, voire totalement dégoûté.

C'est un peu comme se trouver devant une grande table couverte de victuailles après une grosse indigestion, sans appétit, mais que vous devez impérativement engloutir.

Commencez par ne rien faire... d'autre que de visualiser la première étape.

Savez-vous comment on mange une baleine ? Bouchée après bouchée. Ce n'est pas en visualisant la baleine dont la seule vue vous stresse que vous allez réussir, mais en visualisant la première petite bouchée. Et l'appétit venant en mangeant, bouchée après bouchée, petite étape par petite étape, en retrouvant votre appétit, vous atteindrez votre objectif : engloutir la baleine.

Alors, bon appétit !

Comment faire ?

1. Debout (car plus dynamisant), fermez les yeux puis mettez en place votre respiration « abdominale » en ralentissant encore sa fréquence.

2. Parmi tout ce que vous souhaitez réaliser en le faisant bien, imaginez la première petite chose concrète et possible que vous puissiez accomplir.

Note : Il s'agit d'une PETITE chose concrète, pas de toute l'étape. Par exemple, vous devez commencer à rédiger une lettre de candidature. Visualisez-vous en train de prendre votre manteau, de quitter la maison et dans le magasin en train d'acheter le papier, les enveloppes...

Visualisez et vivez cela sans tension mentale et physique (vous connaissez suffisamment d'outils pour cela maintenant).

3. Voyez ce qu'il y a à voir, entendez ce qu'il y a à entendre et ressentez ce qu'il y a à ressentir.

Comme toujours, n'oubliez pas de marquer une pause.

Technique n° 21 : Futurisation positive

Cette technique va vous permettre de mieux « pré-voir » votre avenir d'une manière positive.

Un exemple

En vous projetant professionnellement dans deux ans, vous pouvez imaginer votre évolution et vérifier que vous êtes parti dans la direction que vous vouliez vraiment... ou pas.

Dans un cas, la motivation sera au rendez-vous, dans l'autre, il est encore temps de changer de cap.

Comment faire ?

1. Fermez les yeux, puis mettez en place votre respiration « abdominale » en ralentissant encore sa fréquence.

2. Partez d'un événement et visualisez l'évolution sur un ou deux ans.

Surtout laisser faire votre imaginaire, votre intuition. Peut-être imaginerez-vous ce que vous allez gagner et peut-être perdre, etc....

3. Voyez ce qu'il y a à voir, entendez ce qu'il y a à entendre et ressentez ce qu'il y a à ressentir.

Comme toujours, n'oubliez pas de faire une pause pour prendre le temps de relier les choses.

Exemples

Une naissance encore plus positive

Vous pouvez imaginer l'utilisation de cette technique dans le cas d'un heureux événement à venir.

En effet, pour vous préparer à la naissance, vous pouvez (maman et papa), visualiser l'enfant à un an, puis à six mois, à deux mois, à un mois, à quinze jours, à un jour... juste avant la futurisation positive de l'accouchement.

Votre problème de poids s'envole en fumée

Autre utilisation technique possible (après la technique d'acceptation progressive, par exemple), histoire d'intensifier votre motivation, futurisez-vous le souffle retrouvé après avoir arrêté de fumer ou avec les formes que vous souhaitez après avoir perdu ou pris, selon que vous souhaitiez perdre ou prendre du poids.

Technique n° 22 : Neutralisation des manifestations émotionnelles négatives

Cette technique va vous permettre de mieux neutraliser les manifestations de l'émotion et ainsi éviter la somatisation.

Un exemple

Vous avez une « boule » là où elle se place d'habitude après une dispute.

Par l'utilisation de cette technique, vous l'empêchez de s'installer et de vous nuire dans le futur (par exemple sous forme de nodules à la thyroïde).

Comment faire ?

1. Fermez les yeux, puis mettez en place votre respiration « abdominale » en ralentissant encore sa fréquence.

2. Choisissez parmi les trois possibilités ci-dessous (déjà vu dans d'autres techniques) :

- *Centrez-vous sur un mot inducteur de lâcher prise, de calme (sur l'expire uniquement).*
- *Centrez-vous sur une image neutre (visualisation d'une image neutre).*
- *Centrez-vous sur votre corps (votre poing ancré d'un état interne aidant par exemple).*

Puis restez centré sur votre choix en l'activant. C'est primordial pour être efficace.

3. Évoquez le souvenir émotionnel négatif (la dispute ou sa représentation visuelle, par exemple) tout en restant centré sur votre choix (mot, image neutre ou corps).

C'est à ce moment que se produit la « neutralisation » en « désactivant » l'ancrage souvenir/état intérieur limitant.

4. Recommencez le processus si nécessaire.

Comme toujours, n'oubliez pas de faire une pause pour intégrer les changements.

D-Techniques de Dissociation

La dissociation en quelques mots

Rappelez-vous que le « cerveau » ne fait pas vraiment la différence entre le réel et l'imaginaire. Ainsi, penser en la vivant à une situation stressante (mentalement associée), c'est vivre les mêmes sensations et risquer une forte dépense d'énergie inutile.

Pour ne pas vider ses batteries inutilement, la solution est de se dissocier.

Par exemple, vous pouvez rendre les techniques de visualisation moins coûteuses en énergie (donc moins fatigantes) en travaillant de manière dissociée.

Être dissocié c'est prendre du recul. C'est mettre de la distance entre soi et un sujet. Si vous collez votre doigt sur votre nez, vous ne le voyez pas bien, car il est flou et en plus vous voyez double... Par contre, en reculant votre doigt (ou votre nez...), vous le voyez mieux et dans tous ses détails.

Imaginez un cycliste qui reste le « nez sur le guidon » parce qu'il est plus aérodynamique dans cette position, donc plus efficace. Dans un premier temps, il fera sans doute la différence avec ses concurrents. Mais pour combien de temps ? Car dans cette position, il ne peut pas s'alimenter correctement et risque la fringale. Comme il ne voit qu'à un mètre devant lui, il ne peut pas changer de braquet au bon moment, ni être sûr d'être bien sûr le bon chemin, et encore moins anticiper un virage. C'est le meilleur moyen d'en louper un et de se prendre un mur. S'il veut un jour gagner, il sera bien obligé d'apprendre à lever le bout de son nez.

De même, si vous travaillez le « nez sur le guidon », vous travaillez dans l'urgence, incapable de prendre le recul nécessaire pour changer de direction quand il le faut, ni repérer les obstacles. Vous ne voyez pas bien, vous travaillez dans le flou (rarement artistique...). Et comment être sûr de prendre le bon chemin en voyant double ?

Prendre du recul permet de mettre de la distance entre soi et la charge émotionnelle liée à la situation, donc d'avoir plus de chance de mieux la gérer en neutralisant l'émotion. Il en est de même du stress limitant.

Certains utilisent l'écriture ou se parlent à la troisième personne pour se dissocier « *il est content aujourd'hui* ».

Voici d'autres techniques qui vont vous aider à le pratiquer en cas de besoin.

Technique n° 23 : Dissociation simple

Cette technique va vous permettre de traiter une réaction inappropriée.

Vous allez apprendre à vous projeter mentalement de manière positive dans une situation vécue au départ comme négative et stressante.

Un exemple

Un formateur a peur de prendre la parole en public, car à plusieurs reprises, il a déjà loupé ses interventions – c'est du moins ce qu'il en pense. Pas facile à vivre pour quelqu'un qui doit régulièrement animer des formations, donner des conférences... Du coup, comme si son mental le programmait pour l'échec, il est victime d'une forte appréhension qui lui fait perdre ses moyens.

Avant chaque intervention publique, les images des échecs passés lui reviennent à l'esprit. La fois où il a bafouillé ou celle où on lui a posé une « question piège » à laquelle il n'a pas su répondre (à propos, comme si un formateur devait être capable de répondre à toutes les questions...), tout y passe...

Pour traiter cette réaction inappropriée, il décide d'utiliser la dissociation simple. Il choisit donc la situation la plus représentative de sa peur et identifie ce qui la déclenche. Même si le fait d'être plus performant dans son animation risque de susciter la jalousie de l'un de ses collègues, il estime que ce n'est pas un inconvénient. Il se connecte à un état intérieur aidant, histoire de vivre sa visualisation en toute confiance. Puis, comme au cinéma, assis dans son fauteuil, il regarde le film le plus représentatif de sa peur. Il décide de reculer l'écran pour prendre encore un peu plus de distance et du coup, trouve que la situation n'était pas si dramatique que cela...

Cependant, pour être sûr de ne plus être perturbé par cette vielle scène, il la modifie en utilisant les submodalités et même en coupant un bout du film. Puis, il se visualise positivement lors de sa prochaine prise de parole en public dans quelques jours.

Comment faire ?

Comme toujours, yeux fermés, pratiquez la respiration « abdominale » en ralentissant encore sa fréquence.

1. Identifiez la situation à traiter et ce qui la déclenche.

➻ « *Quel est l'état intérieur limitant que vous ressentez dans cette situation ?* »

➻ « *Qu'est-ce qui déclenche cet état ?* »

Il est inutile d'entrer à nouveau dans cette expérience, donc de la revivre et de vous y connecter.

2. Vérifiez qu'il n'y a pas d'inconvénient à transformer la situation (pour soi et pour les autres).

3. Identifiez un état de confiance (détente ou calme).

Expérimentez-le en revivant une situation dans laquelle vous l'avez déjà vécu, puis ancrez-le (dans votre poing par exemple).

Testez votre ancre, puis ***gardez-la activée pendant toute l'étape 4.***

4. Regardez la situation perturbatrice en position dissociée.

Pour cela, imaginez la situation comme si elle était projetée devant vous sur un écran de cinéma.

Regardez-vous (de face, de côté ou de dos) jouer votre rôle sur cet écran tout en restant spectateur, assis dans votre fauteuil. Vous êtes ici spectateur de vous-même. C'est là que s'opère la dissociation.

Si vous sentez l'état limitant trop présent, éteignez l'écran et réinstallez votre ancre. Faites en sorte que ce que vous voyez sur l'écran vous convienne (utilisez les submodalités : reculez l'écran, modifiez la luminosité...).

5. Repensez à la situation pour vérifier qu'elle n'est plus perturbante.

Puis, intégrez ces changements dans le futur en vous visualisant lors d'une prochaine situation similaire.

Technique n° 24 : Double dissociation

Dans la dissociation simple, vous êtes à la fois acteur et spectateur ou plus précisément, vous êtes le spectateur de vous-même.

Alors que dans la double dissociation, vous êtes spectateur... du spectateur de vous-même.

Le processus est le même avec une variante : l'écran de cinéma est placé devant vous qui êtes dans la salle, assis dans un fauteuil, mais vous regardez cette scène depuis la cabine de projection. Vous vous regardez dans le fauteuil en train de vous regarder sur l'écran.

Variante à utiliser pour des situations plus « lourdes ».

Les 2 Cadeaux Bonus

Les Interventions Musclées + Les Antistress Express

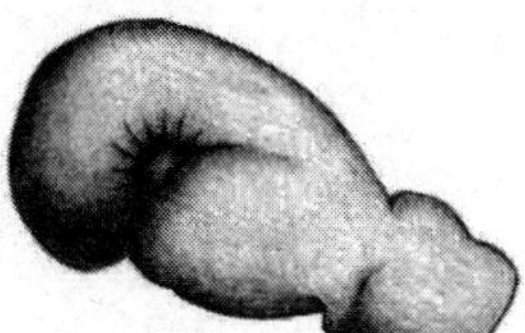

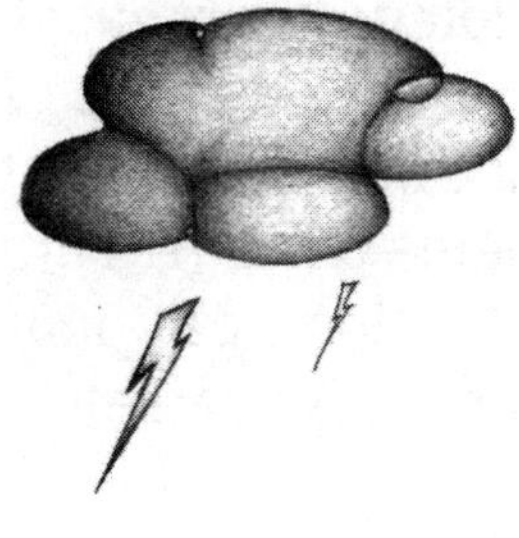

Les Interventions Musclées

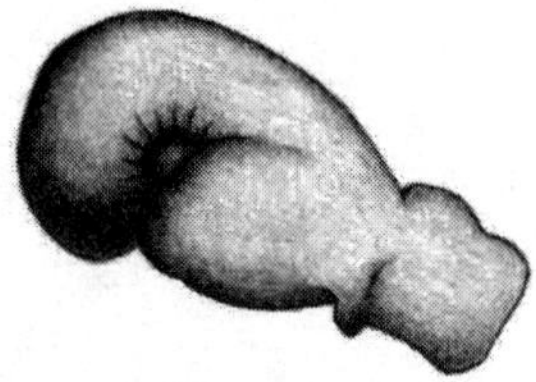

Les interventions musclées en quelques mots

Pour apprendre à « casser la figure » au stress limitant qui se figure pouvoir se jouer de vous, voici en bonus quelques techniques aussi « violentes » qu'il l'est parfois.

Par exemple, il peut arriver d'avoir envie de casser physiquement la figure à quelqu'un.

La violence physique contre un individu qui vous « vole » une place de parking n'est pas la meilleure solution. Et la violence contre soi-même non plus.

Or, le stress, la charge émotionnelle que vous pouvez accumuler dans ce type de situation doivent être évacués sous peine de se retourner contre vous, de vous « empoisonner ».

Alors, œil pour œil (au beurre noir), dent pour dent (en moins...) : cassez-lui la figure... mentalement bien sûr.

Vous allez ici associer le physique et le mental : une « association de bienfaiteurs » pour notre plus grand bonheur et pour son plus grand malheur.

Technique n° 25 : Coups de poings

1. Debout, les pieds bien ancrés au sol, les bras le long du corps, vous fermez les yeux et mettez en place la respiration « abdominale » en ralentissant encore sa fréquence.

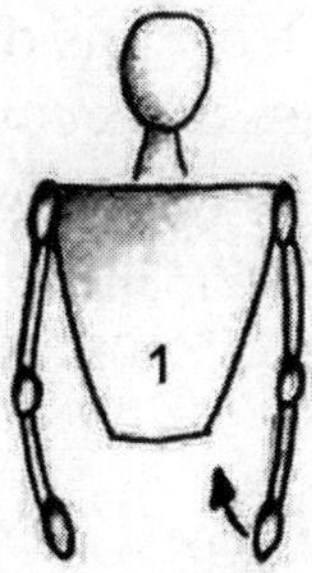

2. Faites-vous une représentation de la situation problème.

Par exemple : « *Le visage du voleur de place de parking* ».

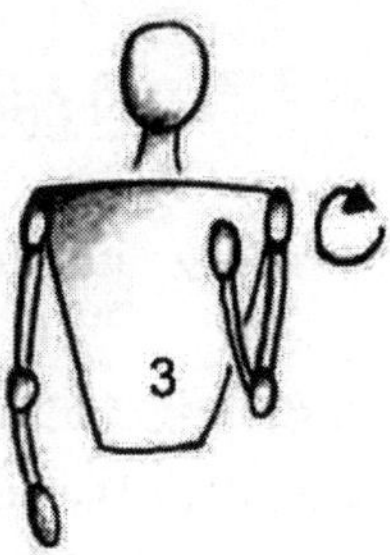

3. Sur l'inspire, levez le poing gauche sur l'épaule gauche.

Stoppez votre respiration et visualisez l'élément négatif de la situation problème.

Faites des petits cercles rapides de votre poing comme le fait « Popeye » avant de donner une correction. Faites monter la tension à son maximum.

4. Sur l'expire, vous donnez le coup de poing en relâchant toute la tension.

Stoppez votre respiration quelques secondes, puis redescendez votre bras à sa position initiale sur une expiration.

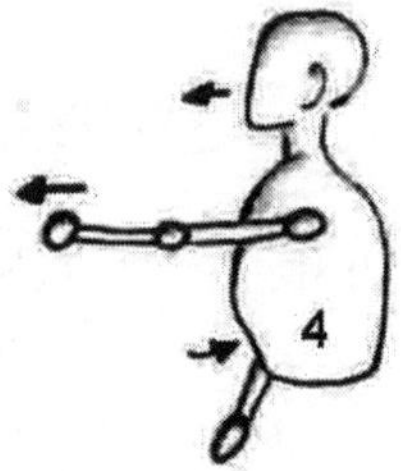

Refaites ce processus trois fois du côté gauche, trois fois du côté droit et trois fois des deux côtés en même temps, tout en visualisant l'élément négatif de la situation problème.

Après le coup de poing, juste avant de reprendre la position initiale, prenez le temps de redéfinir le souvenir émotionnel négatif.

Variante

Même processus, mais en commençant par pratiquer trois fois d'un côté, trois fois de l'autre et trois fois en même temps sans visualisation ni mentalisation.

Puis recommencez en visualisant l'élément négatif.

TECHNIQUE N° 26 : AVOIR LE DERNIER MOT

1. Prenez une feuille de papier et un stylo.

2. Écrivez tout ce qui vous vient à l'esprit en pensant à la situation problème.

Déversez ainsi votre stress limitant comme on déverse des détritus dans une poubelle. Ne gardez rien pour vous : ce sont des détritus...

Pour être sûr de ne rien oublier, terminez votre « lettre »

par la formule :

« Et tout ce dont je n'ai pas conscience ».

3. Regardez globalement votre production, puis froissez-la, écrasez-la, déchirez-la, brûlez-la..., maltraitez-la sans aucun ménagement...

4. Pour en terminer une bonne fois pour toutes, jetez le tout (par exemple dans une poubelle...).

Variante

Au lieu de papier, vous pouvez utiliser ce qu'on appelle une « surface de projection ».

Il peut s'agir tout simplement d'une chaise vide représentant la personne avec laquelle vous avez des comptes à régler...

Ou bien encore, d'un punching ball... pour joindre le geste à la parole...

Bien entendu, vous pouvez utiliser cette technique de la même manière en pensant à une situation future trop stressante.

Les Anti-Stress Express

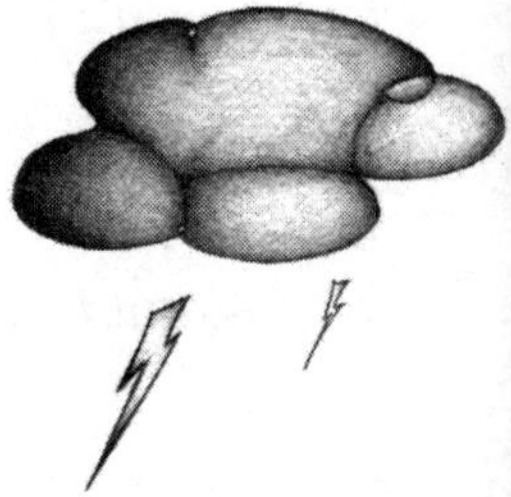

Les antistress express en quelques mots

Vous avez encore moins de temps que d'habitude ?

Ces dernières techniques très rapides et simples vont vous permettre, en un éclair, de faire descendre rapidement la « température » du mauvais stress ou mieux, d'empêcher qu'elle ne monte.

Technique n° 27 : Ne rien faire !

Le corps a besoin de ne rien faire, car ce faisant, vous vous recentrez. Stoppez toute activité pendant deux ou trois minutes et concentrez-vous sur un objet (un sablier par exemple), ou encore regardez le ciel par la fenêtre...

TECHNIQUE N° 28 : LE CHAT

Étirez-vous comme un chat et baillez.

Il est bon de ne pas réprimer par politesse ce mouvement naturel de votre corps, mais plutôt de l'amplifier. Bâiller est un geste instinctif qui permet au corps de se rééquilibrer. En effet, le bâillement sollicite à fond l'appareil respiratoire et la musculature du dos. Il débloque les tensions et aère les tassements vertébraux.

TECHNIQUE N° 29 : LES ONDES ALPHA

Concentrez-vous sur l'instant qui suit immédiatement la fermeture de vos yeux.

Vous produisez, comme pendant le sommeil, des ondes alpha relaxantes.

Recommencez plusieurs fois jusqu'à ressentir ces ondes vous envahir tout entier.

TECHNIQUE N° 30 : LA RESPIR-ACTION

Mettez en place une respiration « abdominale » calme et ample.

Relâchez les tensions de vos épaules et de votre nuque par quelques contractions.

Puis, formulez intérieurement une phrase apaisante (je me décontracte, je prends soin de moi...).

TECHNIQUE N° 31 : LA BOULE

Fermez les yeux et respirez profondément.

Concentrez les tensions, les sentiments de colère ou d'agressivité en un seul point (poing) du corps, dans la main.

Inspirez profondément et tenez contracté votre poing 3 à 4 secondes, vos poumons remplis d'air.

Serrez votre main très fortement en prenant conscience du poids de l'énergie négative qui est enfermée à l'intérieur.

Puis, en expirant très fort par la bouche, d'un seul coup, rejetez cette boule d'énergie le plus loin possible de vous.

Recommencez si nécessaire le processus jusqu'à vous sentir apaisé, détendu.

TECHNIQUE N° 32 : LA DOUCHE ÉNERGÉTIQUE

Fermez les yeux et respirez profondément.

Imaginez-vous sous une douche d'énergie bienfaisante. Pour cela, prenez le pommeau de cette douche imaginaire dans votre main et aspergez-vous de cette « eau-nergie » (eau + énergie), de haut en bas, comme vous le faites réellement lorsque vous vous lavez.

Visualisez cette merveilleuse « eau-nergie » couler le long de votre corps et le « nettoyer » de toutes idées ou sensations négatives (en partant par les égouts), et laissez la place aux idées et sensations positives.

Une bonne douche fait souvent des « miracles ».

TECHNIQUE N° 33 : LE FILM DE VOTRE JOURNÉE

Votre journée se termine et c'est l'occasion de la passer

en revue.

Mais je vous propose de le faire de la manière suivante :

Allongez-vous confortablement sur le ventre, jambes légèrement écartées et bras croisés pour y accueillir votre tête comme un coussin douillet.

Une fois votre corps détendu, fermez les yeux et respirez profondément.

Puis comme au cinéma, pendant une minute, laissez dérouler le film de votre journée en ne retenant **que** les moments les plus positifs, les plus agréables. Les autres moments passent sans retenir votre attention comme les nuages passent dans le ciel (rappelez-vous la concentration...).

Une fois la séance terminée, félicitez-vous car vous avez encore une fois vu la vie avec un œil positif et confirmé qu'à défaut de changer le monde, vous pouvez changer votre regard...

FAIM

Vous voilà acteur à présent.

Un « jeune premier » plein d'avenir, future grande star de votre vie.

Mais la partie n'est pas encore gagnée. Faites attention à vous, le monde du show-business est sans pitié. Ne relâchez pas votre attention, pratiquez... et offrez-vous de temps en temps un Oscar...

C'est par le mot «FAIM» que j'ai envie de terminer ce livre, car je vous espère en appétit, prêt(e) à croquer la vie à pleines dents.

Ce ne peut donc pas être « FIN », mais plutôt « A SUIVRE »...

Merci à mon frère Alex pour m'avoir offert ce dessin...

Bibliographie

Stress :

H. Selye – *Le stress de la vie*, Éditions Gallimard.

J-L. Dubier et I. Inchauspé – *Le stress,* Éditions Milan (collection les essentiels de Milan).

Sophrologie :

A. Caycedo et Y. Davrou – *L'aventure de la sophrologie*, Éditions du Moustier.

Y. Davrou – *La sophrologie facile*, Éditions Marabout.

J-P. Hubert – *La sophrologie*, Éditions Bernet Danilo (collection Essentialis).

P-A. Chené – *Sophrologie tomes 1 et 2*, Éditions Ellébore.

Pnl :

R. Bandler et J. Grinder – *Les secrets de la communication*, Éditions Le jour.

R. Bandler et J. Grinder – *Trans-formation*, Éditions InterEditions.

J. de Saint Paul et A. Cayrol – *Derrière la magie*, Éditions InterEditions.

Zen :
T. Deshimaru - *La pratique du zen*, Éditions Albin Michel.

Pensée Positive :
J. Murphy - *La dynamique du bonheur, miracles de la pensée positive*, Éditions Dangles.

Divers :
G. Ceulemans - *Vaincre sa mort pour vivre*, Éditions Louis Musin.
Dictionnaire des citations françaises - Larousse.
J-C. Fauvet - *Mille et une citations sociodynamiques*, Les Éditions d'organisation.
Collectif (26 cadres techniques nationaux FFAB) - *Aïkido technique tome 1*, FFAB Aïkikai de France.

Et aussi :
H. Hesse - *Siddharta*, Le livre de poche.

Table des matières

L'impression de cet ouvrage
a été réalisée par Jouve
11, bd de Sébastopol, 75001 PARIS (France)

pour le compte des Éditions DANGLES
18, rue Lavoisier – 45800 SAINT-JEAN-DE-BRAYE (France)

Dépôt légal Éditeur février 2005 – Imprimeur n° 365530Y

Achevé d'imprimer en février 2005